A-Z IPSW

Key to Map Pages	2-3
Large Scale Town Centre	4-5
Map Pages	6-65

Index
Villag
and s

REFERENC

A Road	A14
B Road	B1067
Dual Carriageway	
Tunnel	
One-way Street Traffic flow on A Roads is also indicated by a heavy line on the driver's left.	
Road Under Construction Opening dates are correct at the time of publication.	
Proposed Road	
Junction Names	COPDOCK MILL INTERCHANGE
Restricted Access	
Pedestrianized Road	
Track / Footpath	
Residential Walkway	
Railway	Level Crossing, Tunnel, Station
Built-up Area	MILL ST.
Local Authority Boundary	
Post Town Boundary	
Postcode Boundary (within Post Town)	
Map Continuation	20; Large Scale Town Centre 4

Airport	
Car Park (selected)	P
Church or Chapel	†
Cycleway (selected)	
Fire Station	■
Hospital	H
House Numbers (A & B Roads only)	37 44
Information Centre	i
National Grid Reference	630
Park & Ride	London Rd. P+R
Police Station	▲
Post Office	★
Safety Camera with Speed Limit Fixed cameras and long term road works cameras. Symbols do not indicate camera direction.	30
Toilet	▽
Viewpoint	
Educational Establishment	
Hospital or Healthcare Building	
Industrial Building	
Leisure or Recreational Facility	
Place of Interest	
Public Building	
Shopping Centre or Market	
Other Selected Buildings	

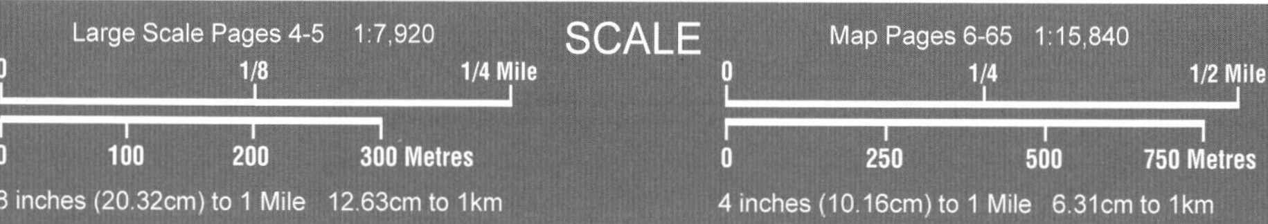

A-Z AZ AtoZ
registered trade marks of Geographers' A-Z Map Company Ltd

www.az.co.uk

EDITION 6 2017

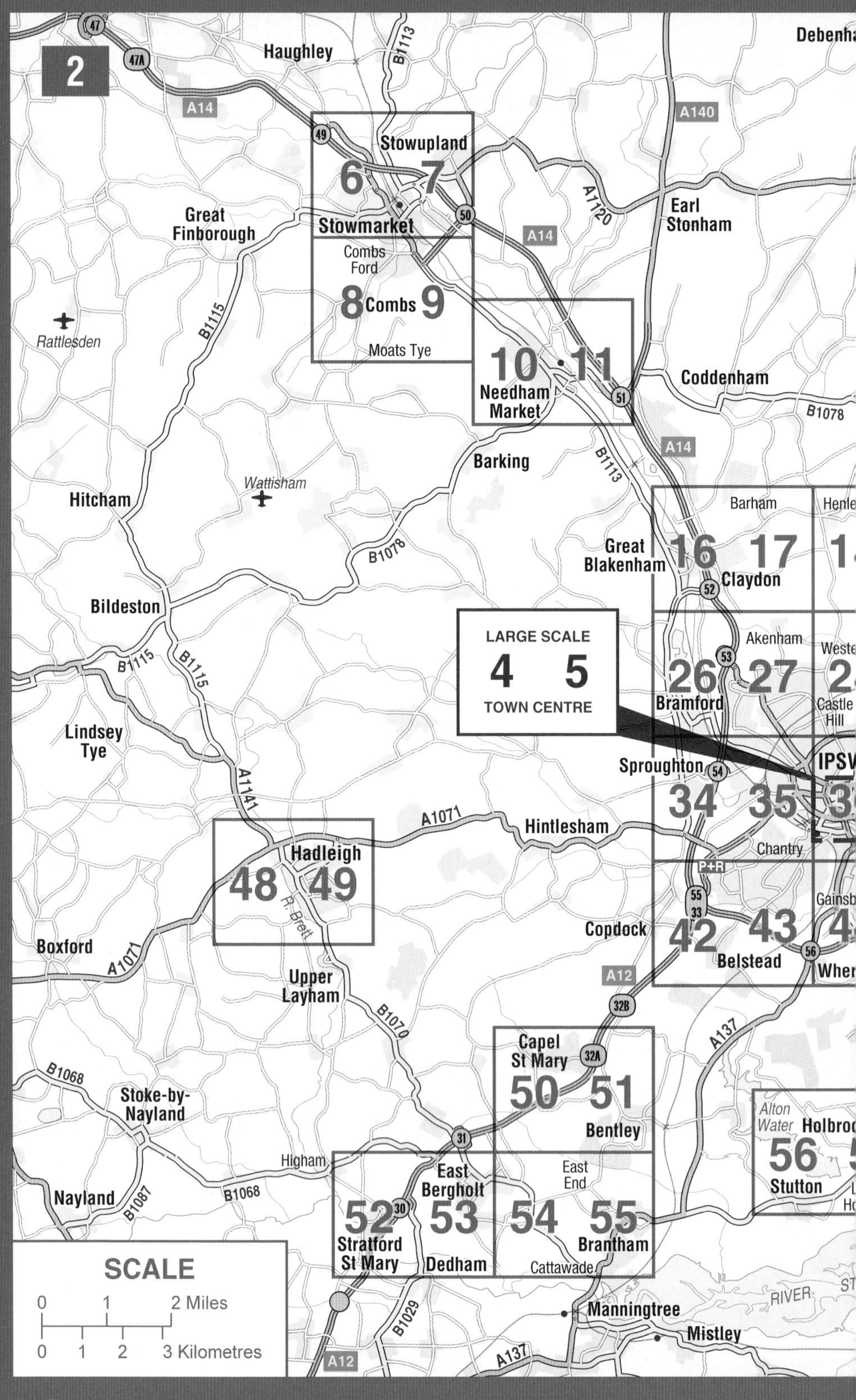

Haughley
Debenham
Stowupland
Stowmarket
Great Finborough
Earl Stonham
Combs Ford
Combs
Moats Tye
Rattlesden
Needham Market
Coddenham
Barking
Wattisham
Hitcham
Barham
Great Blakenham
Claydon
Bildeston
Akenham
LARGE SCALE
4 5
TOWN CENTRE
Bramford
Castle Hill
Lindsey Tye
Sproughton
Hintlesham
Chantry
Hadleigh
R. Brett
Copdock
Belstead
Boxford
Upper Layham
Capel St Mary
Bentley
Alton Water
Holbrook
Stutton
Stoke-by-Nayland
Higham
East Bergholt
East End
Nayland
Stratford St Mary
Dedham
Brantham
Cattawade
Manningtree
Mistley
RIVER
SCALE
0 1 2 Miles
0 1 2 3 Kilometres

KEY TO MAP PAGES

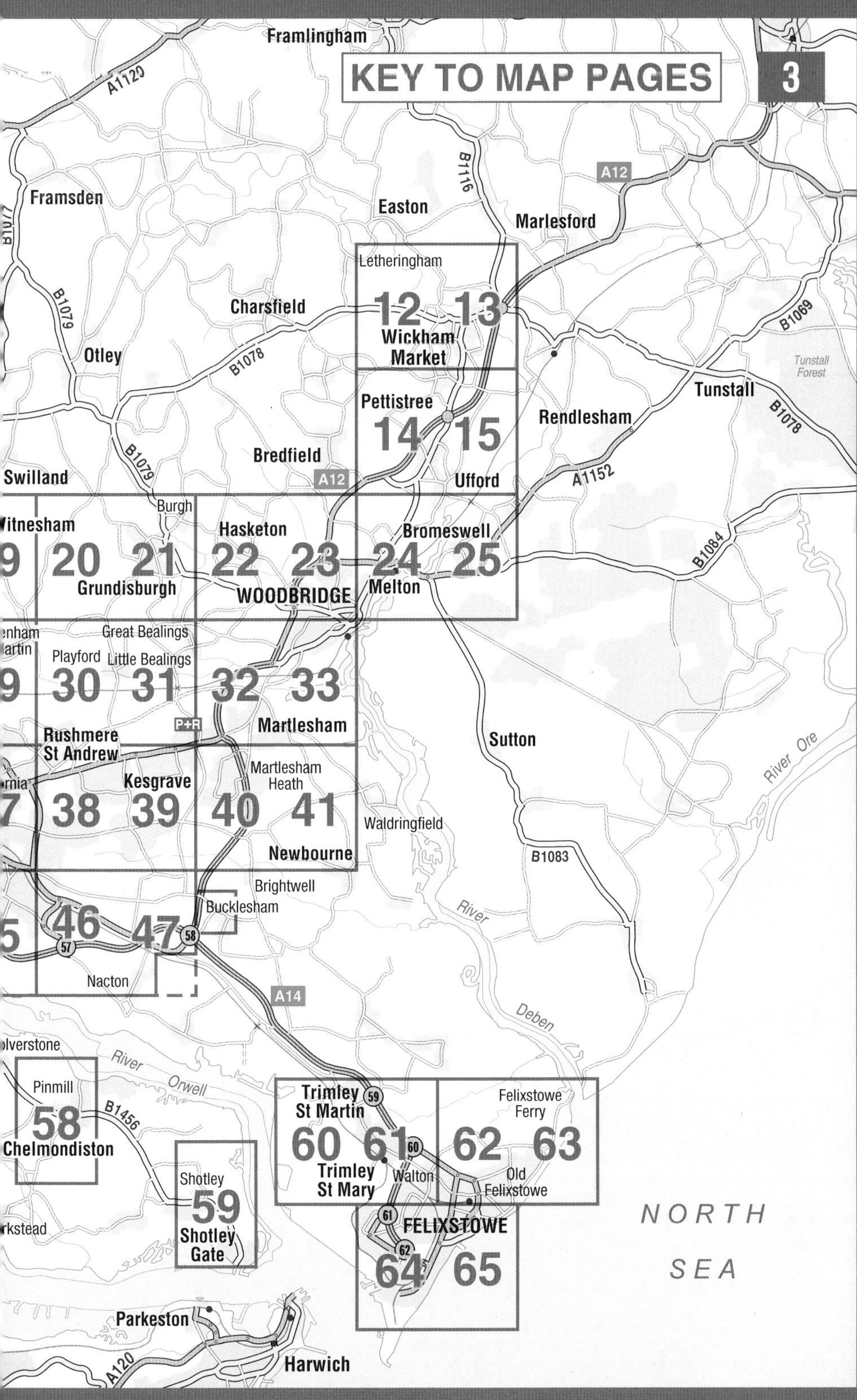

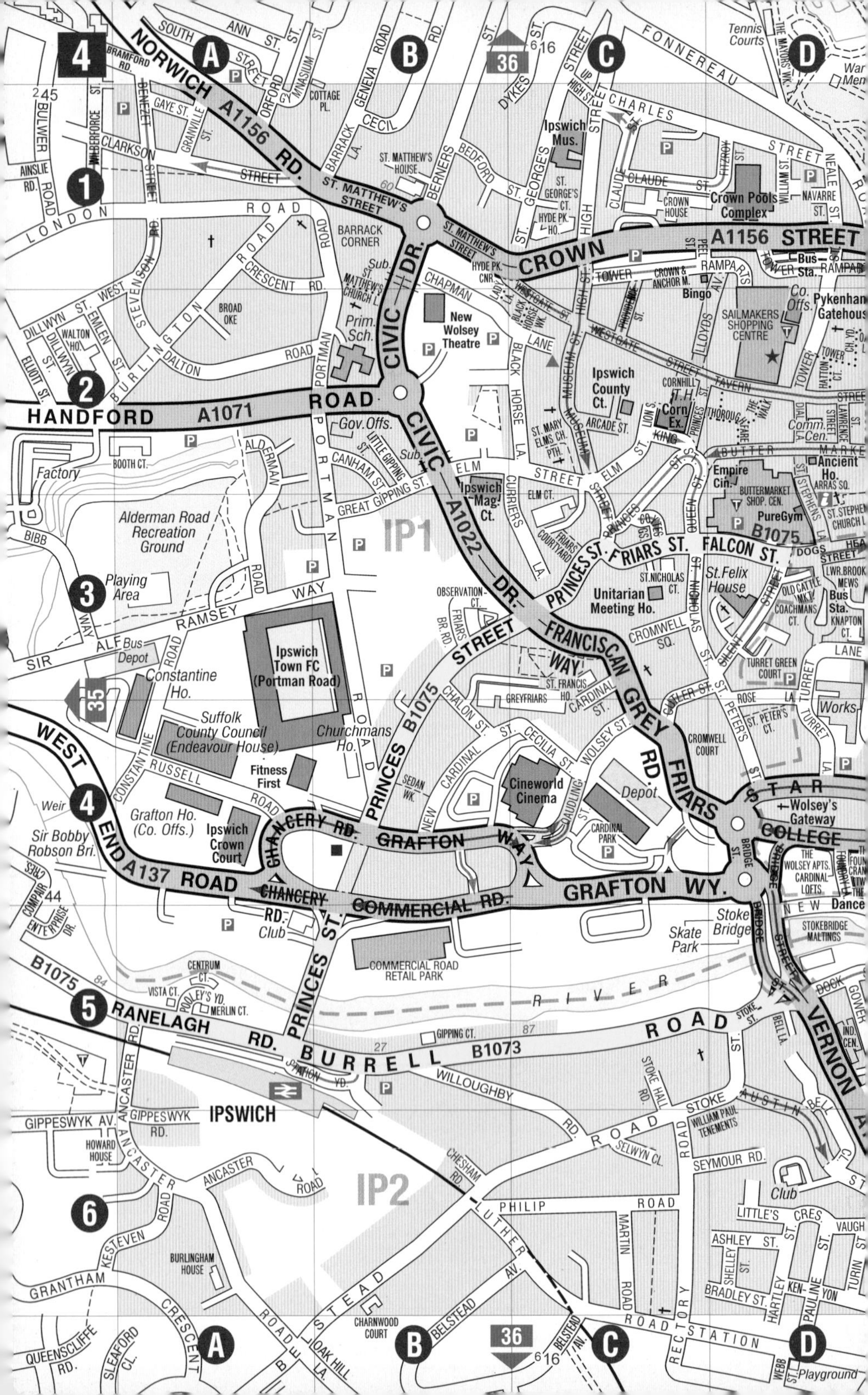

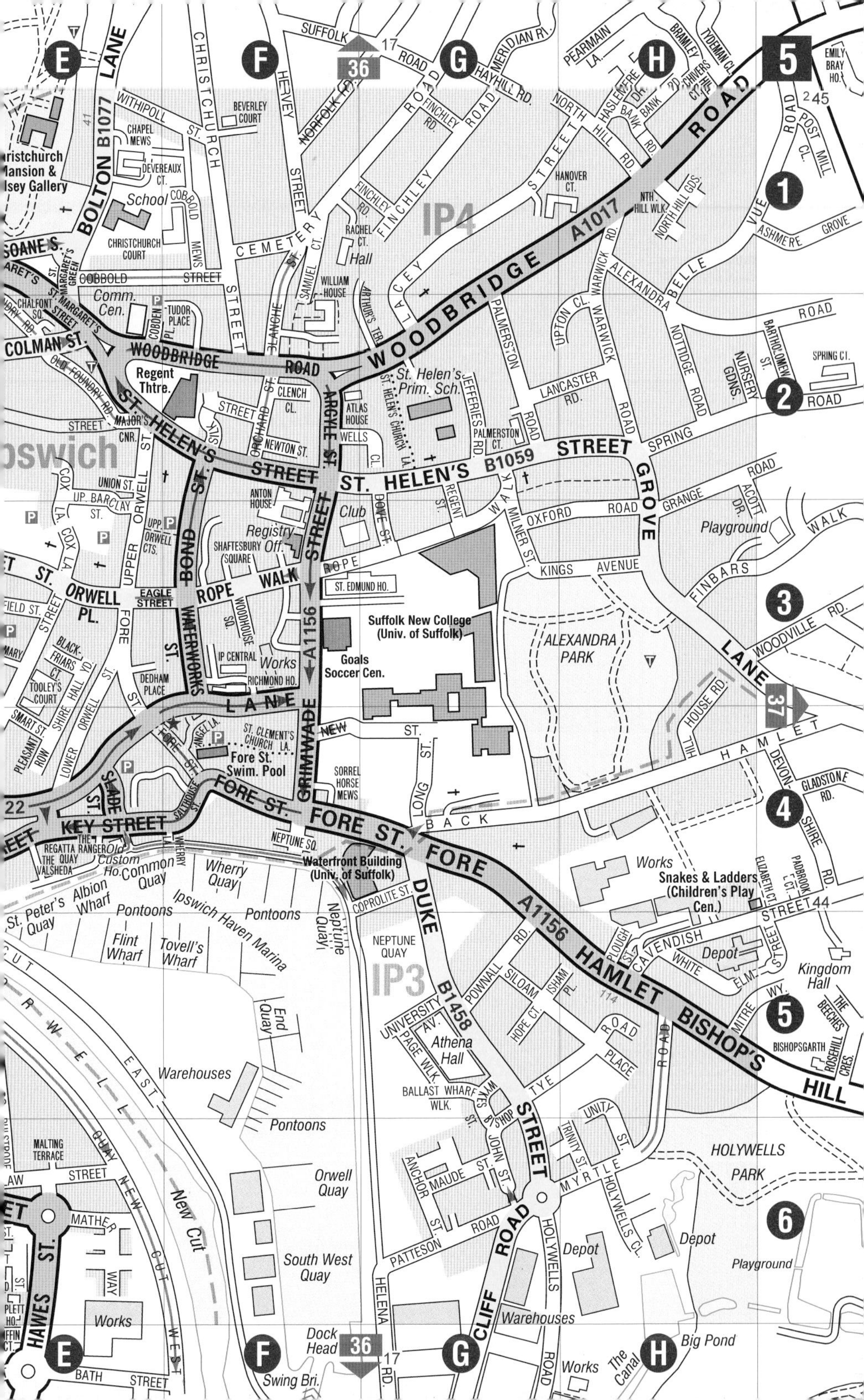

E
F
G
H
5
36
17
37
22
44
245
1
2
3
4
5
6
IP4
IP3
Ipswich
WOODBRIDGE ROAD
A1017
ST. HELEN'S STREET
B1059
SPRING ROAD
GROVE LANE
FORE ST.
FORE HAMLET
A1156
BISHOP'S HILL
GRIMWADE STREET
ARGYLE ST.
DUKE STREET
B1458
CLIFF ROAD
HOLYWELLS ROAD
KEY STREET
BOLTON LANE
B1077
ROPE WALK
ORWELL PL.
BOND ST.
WATERWORKS ST.
NEW ST.
BACK HAMLET
ALEXANDRA PARK
HOLYWELLS PARK
Christchurch Mansion & Wolsey Gallery
Regent Thtre.
Suffolk New College (Univ. of Suffolk)
Goals Soccer Cen.
Fore St. Swim. Pool
Waterfront Building (Univ. of Suffolk)
Snakes & Ladders (Children's Play Cen.)
Ipswich Haven Marina
Common Quay
Wherry Quay
Neptune Quay
Orwell Quay
South West Quay
New Cut
Big Pond
The Canal
Dock Head
Swing Bri.
Athena Hall
Kingdom Hall
Playground
Depot
Works
Warehouses
Pontoons

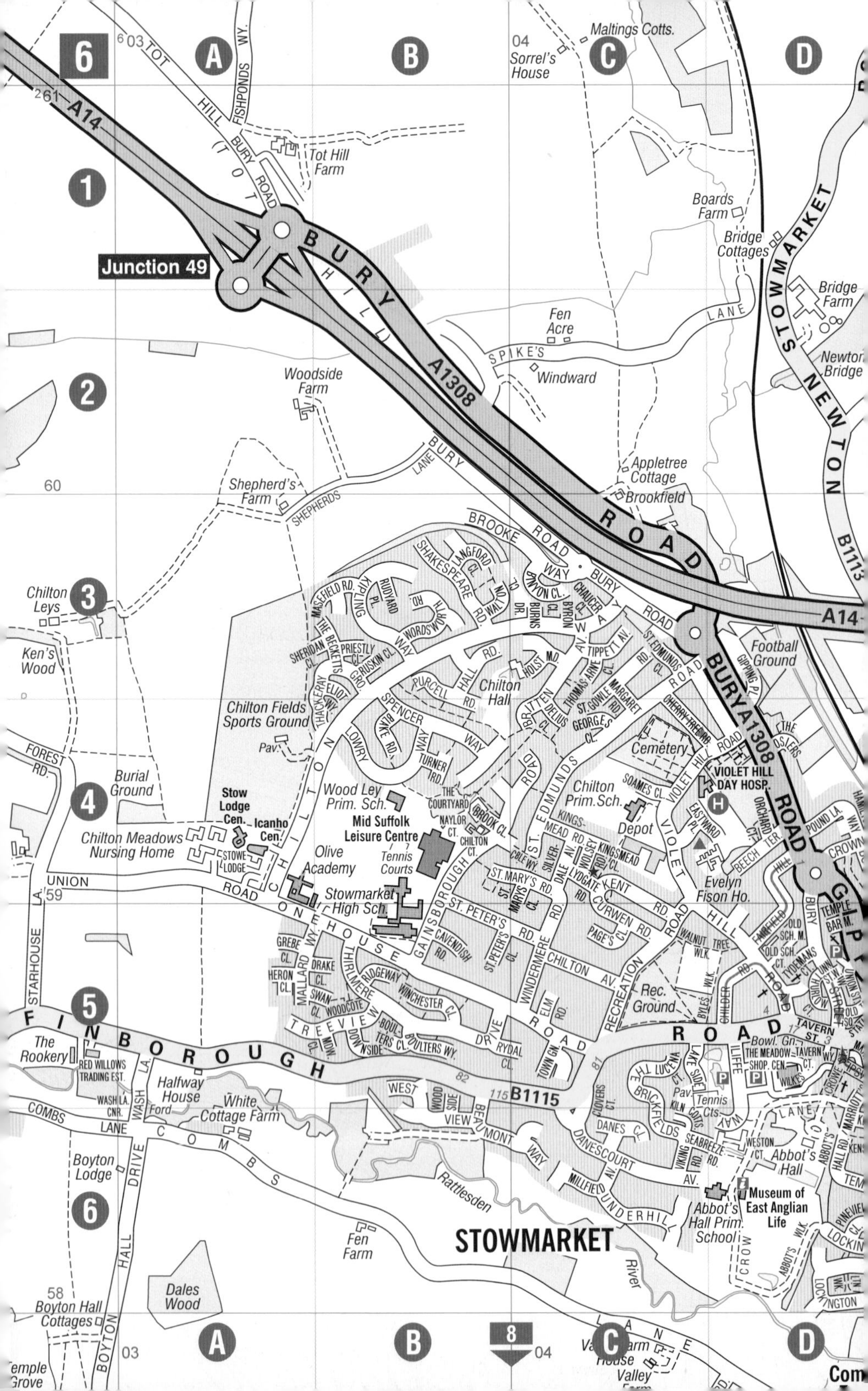
6
A
B
C
D
Junction 49
A14
A1308
BURY ROAD
BURY HILL
TOT HILL
FISHPONDS WY.
Maltings Cotts.
Sorrel's House
Tot Hill Farm
Boards Farm
Bridge Cottages
Bridge Farm
STOWMARKET
NEWTON
Newton Bridge
Fen Acre
SPIKE'S LANE
Windward
Woodside Farm
Appletree Cottage
Brookfield
Shepherd's Farm
SHEPHERDS LANE
BURY LANE
BROOKE ROAD
B1113
Chilton Leys
Ken's Wood
Football Ground
Chilton Hall
Chilton Fields Sports Ground
Cemetery
VIOLET HILL DAY HOSP.
FOREST RD.
Burial Ground
Stow Lodge Cen.
Icanho Cen.
Chilton Meadows Nursing Home
Wood Ley Prim. Sch.
Mid Suffolk Leisure Centre
Olive Academy
Tennis Courts
Stowmarket High Sch.
Chilton Prim.Sch.
Depot
Evelyn Fison Ho.
UNION ROAD
ONEHOUSE ROAD
STARHOUSE LA.
Rec. Ground
FINBOROUGH ROAD
The Rookery
RED WILLOWS TRADING EST.
Halfway House
White Cottage Farm
B1115
COMBS LANE
WASH LA.
Boyton Lodge
HALL DRIVE
Rattlesden
Fen Farm
STOWMARKET
Abbot's Hall Prim. School
Museum of East Anglian Life
Abbot's Hall
River
Dales Wood
Boyton Hall Cottages
BOYTON
Temple Grove
8

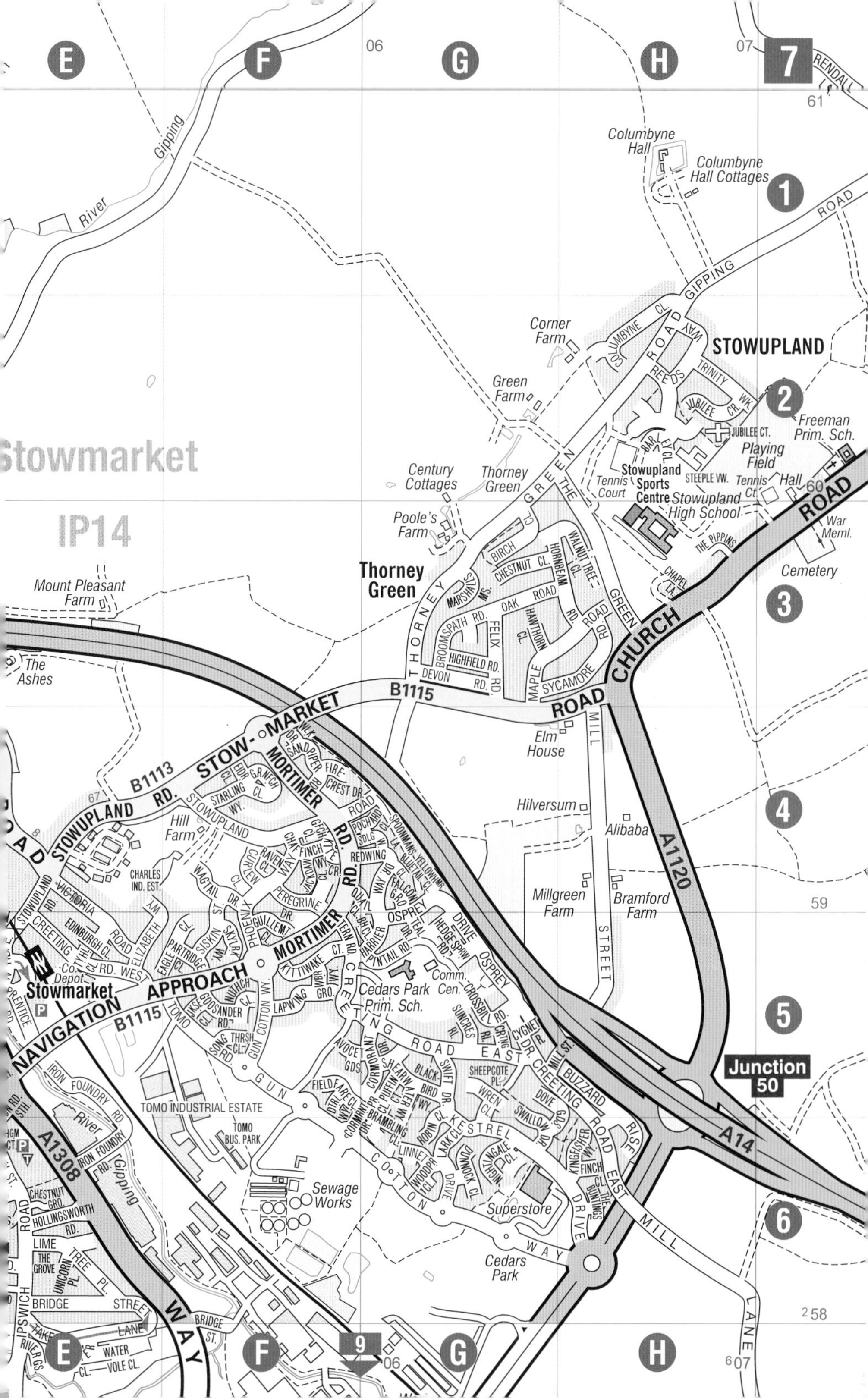
STOWUPLAND
Stowmarket
IP14
Thorney Green
Columbyne Hall
Columbyne Hall Cottages
Corner Farm
Green Farm
Century Cottages
Thorney Green
Poole's Farm
Mount Pleasant Farm
The Ashes
Freeman Prim. Sch.
Playing Field
Stowupland Sports Centre
Stowupland High School
Tennis Court
Hall
War Meml.
Cemetery
Elm House
Hilversum
Alibaba
Millgreen Farm
Bramford Farm
Hill Farm
CHARLES IND. EST.
Cedars Park Prim. Sch.
Comm. Cen.
TOMO INDUSTRIAL ESTATE
TOMO BUS. PARK
Sewage Works
Superstore
Cedars Park
Junction 50
GIPPING ROAD
CHURCH ROAD
STOWUPLAND ROAD
STOWMARKET RD.
MORTIMER RD.
NAVIGATION APPROACH
CREETING ROAD EAST
GUN COTTON WAY
MILL STREET
MILL LANE
THORNEY GREEN ROAD
BRIDGE STREET
A1120
A14
A1308
B1115
B1113
River Gipping
Stowmarket

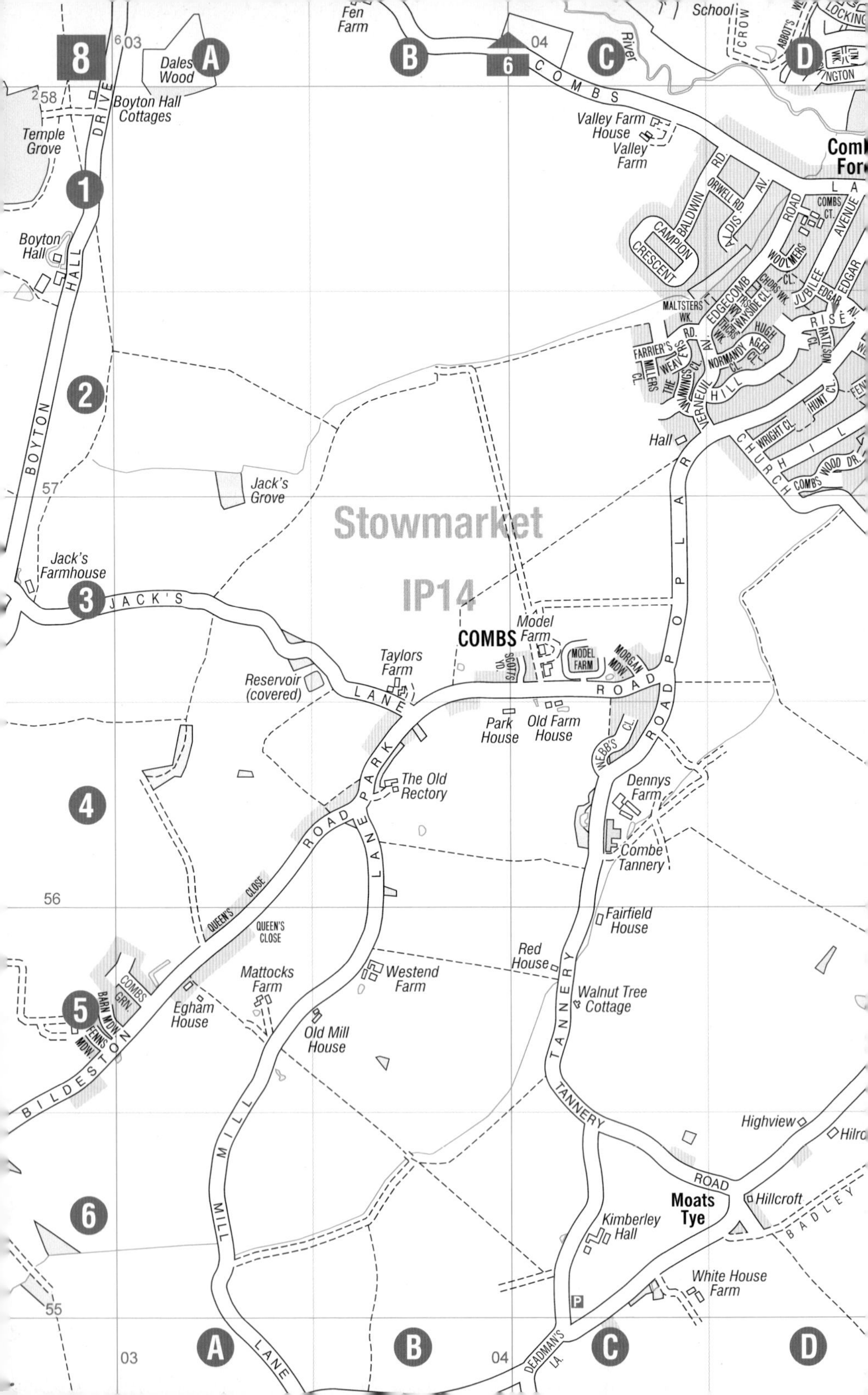
8
Stowmarket
IP14
COMBS
Moats Tye
Dales Wood
Boyton Hall Cottages
Temple Grove
Boyton Hall
BOYTON HALL DRIVE
Jack's Grove
Jack's Farmhouse
JACK'S LANE
Reservoir (covered)
Taylors Farm
Model Farm
MODEL FARM
MORGAN MDW.
SCOTTS YD.
ROAD
Park House
Old Farm House
PARK ROAD
The Old Rectory
WEBB'S CL.
Dennys Farm
Combe Tannery
QUEEN'S CLOSE
Fairfield House
Red House
Walnut Tree Cottage
Mattocks Farm
Westend Farm
Egham House
COMBS GRN.
BARN MDW.
FENNS MDW.
BILDESTON ROAD
Old Mill House
MILL LANE
TANNERY ROAD
Highview
Hillcroft
BADLEY
Kimberley Hall
White House Farm
DEADMAN'S LA.
POPLAR ROAD
Hall
CHURCH HILL
COMBS WOOD DR.
WRIGHT CL.
HUNT CL.
VERNEUIL AV.
NORMANDY CL.
HUGH AGER CL.
WAYSIDE CL.
EDGECOMB RD.
MALTSTERS WK.
FARRIER'S RD.
MILLERS CL.
THE WEAVERS
JUBILEE
EDGAR AV.
RISE
RATLSON CL.
WOOLMERS CL.
CAMPION CRESCENT
BALDWIN RD.
ORWELL RD.
ALDIS AV.
COMBS CT.
AVENUE
Valley Farm House
Valley Farm
COMBS
River
School
CROW
ABBOT'S
LOCKING
Fen Farm
6
A
B
C
D
1
2
3
4
5
6
03
04
58
57
56
55

Ipswich
IP6
E
F
G
H
1
2
3
4
5
6
7
10
06
07
58
57
56
55
GIPPING WAY
A1308
NEEDHAM RD.
NEEDHAM ROAD
A1120
NEEDHAM B1113 ROAD
STOWMARKET ROAD
Cedars Park
Works
Factory
Weir.
Bowling Green
Stowmarket Meadlands Rec. Club
Combs Ford Prim. Sch.
Trinity C of E Prim. Sch.
NEEDHAM ROAD (EAST) INDUSTRIAL ESTATE
STOWMARKET BUSINESS PARK
ERNEST NUNN RD.
Mill Farm
Clamp Farm
Clamp Farm Cottages
MILL LANE
R. GIPPING
Badley Mill Farm
The Woodlands
Combs Wood Nature Reserve
Fir Covert
Sallow Grove
WALK
Keyfield Groves
Halfpenny Hall
Little London
BADLEY LANE
Church Green
Badley Hall Farm
Badley Green
Badley Green Farm
Badley Green Farm Cottages
St. John's Grove
Upper Badley Wood
Ash Covert
Lodgefield Row
Wellfield Covert
Lower Badley Wood
Ravenspark Covert
Great Newton Wood
Little Newton Wood
Newton
LIME TREE PL.
THE GROVE
BRIDGE STREET
BRIDGE ST.
TAKERS LANE
RIVERS GS.
OTTER CL.
WATER VOLE CL.
IPSWICH ROAD
NEEDHAM ROAD
WINTON RI.
BURES CL.
GLEMSFORD RD.
MELFORD WAY
POLSTEAD CL.
FORD CL.
FORD VW. RD.
CLARE CL.
SEMER CL.
CHELSWORTH WY.
CHANTREE CL.
BOXFORD CL.
ALDHAM GDS.
HARTEST WY.
LAYHAM GDS.
HINTLESHAM CL.
FLATFORD CL.
HESSETT CL.
ELMSETT CL.
SHELLEY CL.
KERSEY CL.
SHIMPLING CL.
HOXNE CL.
WHATFIELD WY.
CHATTISHAM CL.
MILDEN CL.
FELSHAM CT.
RAYDON CFT.
LINDSEY WAY
HOLYOAK LANE

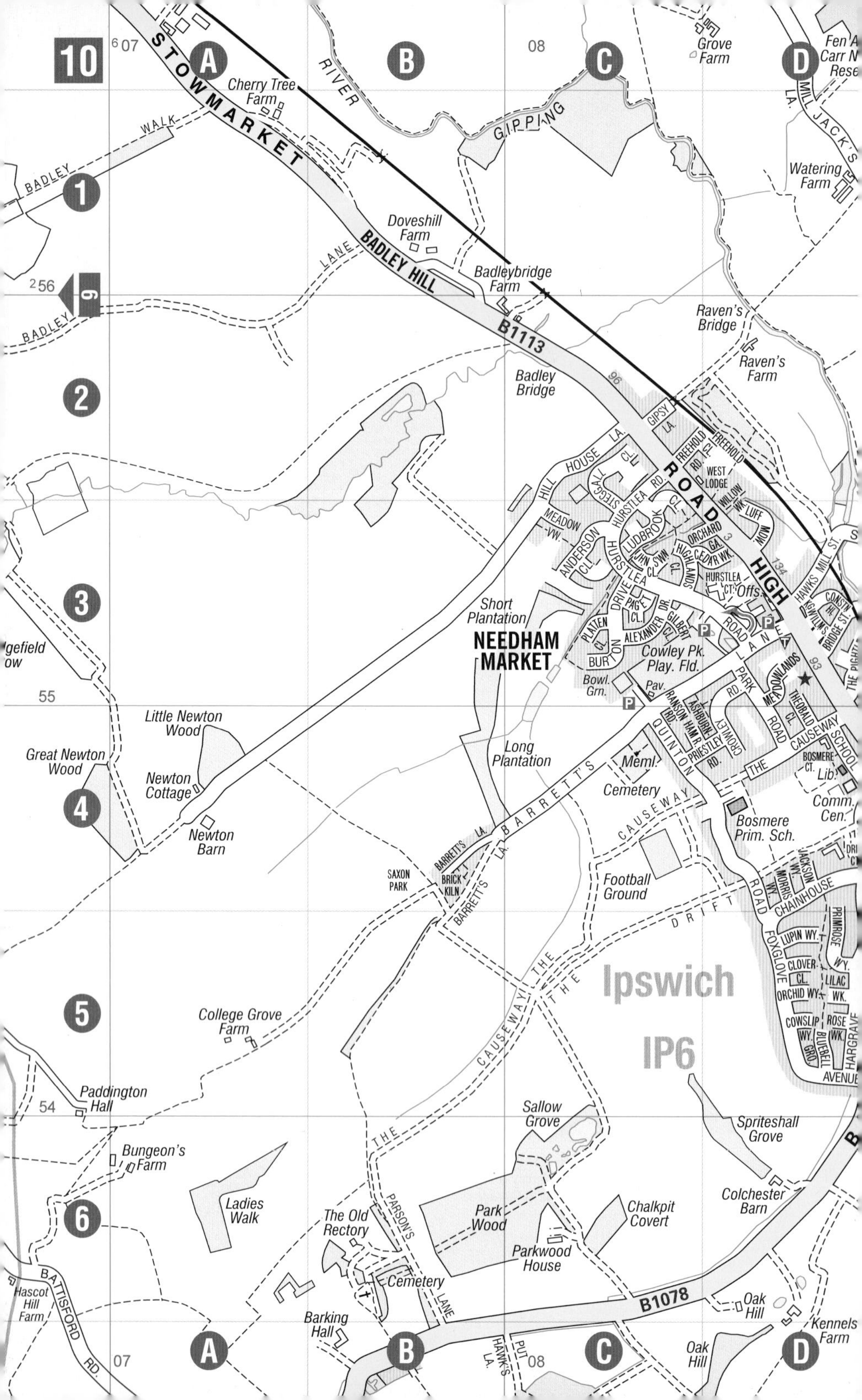
A
B
C
D
1
2
3
4
5
6
07
08
56
55
54
9
Cherry Tree Farm
Grove Farm
Fen Alder Carr Nature Reserve
STOWMARKET
RIVER
GIPPING
WALK
BADLEY
MILL JACK'S LA.
Watering Farm
Doveshill Farm
LANE
BADLEY HILL
Badleybridge Farm
B1113
Raven's Bridge
Raven's Farm
Badley Bridge
GIPSY LA.
HILL HOUSE LA.
FREEHOLD RD.
FREEHOLD CT.
WEST LODGE
ROAD
HIGH
STEGGALL CL.
HURSTLEA RD.
MEADOW VW.
ANDERSON CL.
LUDBROOK CL.
ORCHARD
WILLOW WK.
LUFF
HURSTLEA
HIGHLANDS
HURSTLEA CT.
Offs.
HAWKS MILL ST.
Short Plantation
NEEDHAM MARKET
PLATEN CL.
PAGET CL.
ALEXANDER DR.
GILBERT
BURTON
Cowley Pk. Play. Fld.
BRIDGE ST.
Bowl. Grn.
Pav.
MEADOWLANDS
THEDBALD CL.
PARK ROAD
RANSON RD.
ASHBURN
HAMILTON
QUINTON
PRIESTLEY RD.
CROWLEY RD.
THE CAUSEWAY
SCHOOL
BOSMERE CT.
Lib.
Little Newton Wood
Great Newton Wood
Newton Cottage
Newton Barn
Long Plantation
Meml.
Cemetery
BARRETT'S LA.
CAUSEWAY
Comm. Cen.
Bosmere Prim. Sch.
SAXON PARK
BRICK KILN
Football Ground
JACKSON WY.
MORRIS WY.
CHAINHOUSE
ROAD
THE DRIFT
FOXGLOVE
PRIMROSE WY.
LUPIN WY.
CLOVER CL.
LILAC WK.
ORCHID WY.
COWSLIP WY.
BLUEBELL GRO.
ROSE WK.
HARGRAVE AVENUE
Ipswich
IP6
College Grove Farm
THE CAUSEWAY
Paddington Hall
Sallow Grove
Spriteshall Grove
THE
Bungeon's Farm
Ladies Walk
The Old Rectory
PARSON'S LANE
Park Wood
Chalkpit Covert
Colchester Barn
Parkwood House
Cemetery
Hascot Hill Farm
BATTISFORD RD.
Barking Hall
B1078
HAWK'S LA.
PUT
Oak Hill
Oak Hill
Kennels Farm

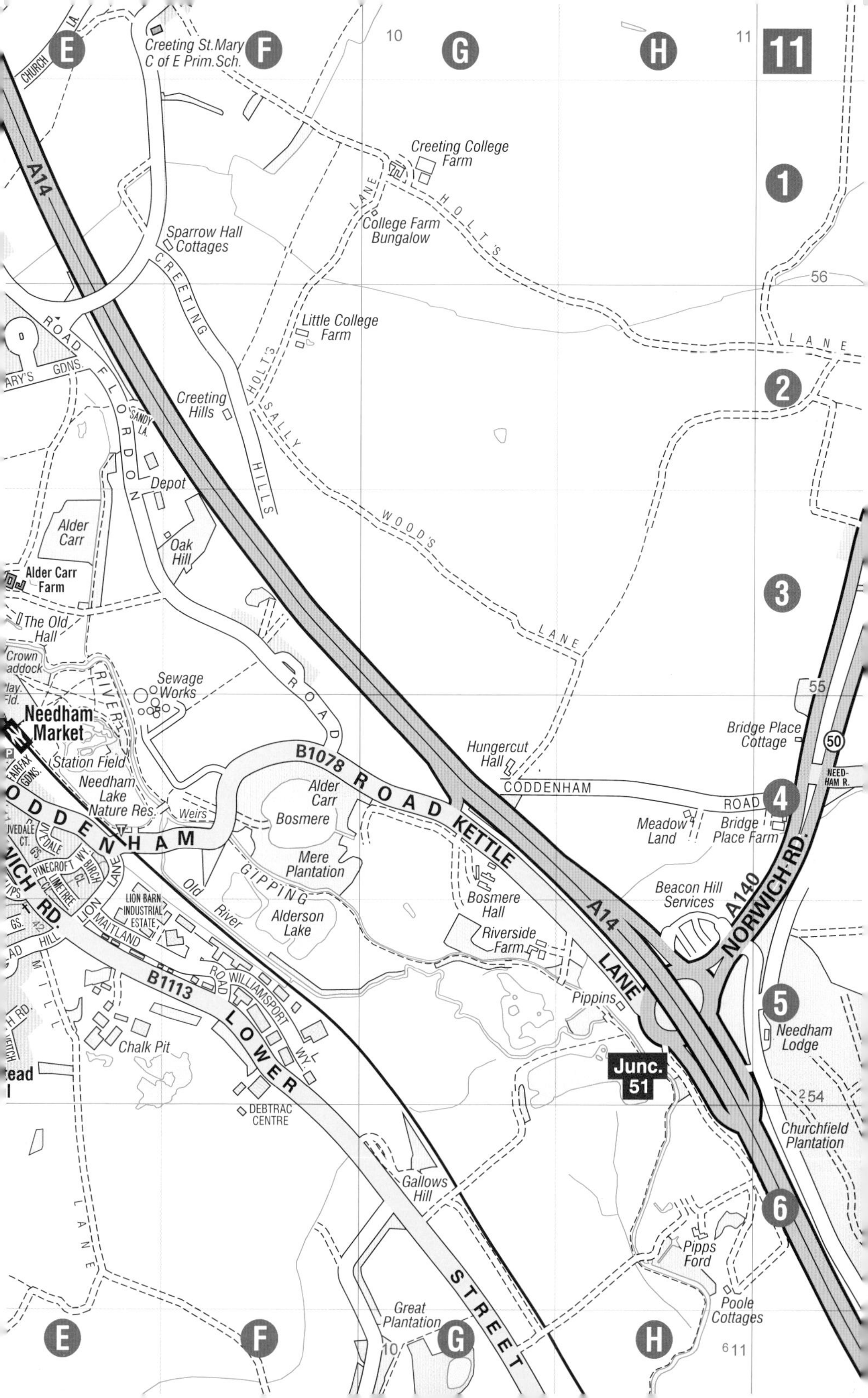
11
E
F
G
H
10
11
Creeting St.Mary C of E Prim.Sch.
CHURCH LA.
A14
Creeting College Farm
College Farm Bungalow
LANE
HOLT'S
Sparrow Hall Cottages
CREETING
ROAD
Little College Farm
HOLT'S
56
LANE
1
2
3
4
5
6
GDNS.
FLORDON
Creeting Hills
SALLY
HILLS
SANDY LA.
Depot
WOOD'S
LANE
Alder Carr
Oak Hill
Alder Carr Farm
The Old Hall
Crown Paddock
Sewage Works
RIVER
ROAD
Needham Market
Station Field
Needham Lake Nature Res.
Weirs
B1078 ROAD
Alder Carr
Bosmere
KETTLE
Hungercut Hall
CODDENHAM
ROAD
55
Bridge Place Cottage
50
NEEDHAM R.
Meadow Land
Bridge Place Farm
CODDENHAM
Mere Plantation
GIPPING
Old River
Alderson Lake
Bosmere Hall
Riverside Farm
A14
LANE
Beacon Hill Services
A140
NORWICH RD.
NORWICH RD.
LION BARN INDUSTRIAL ESTATE
MAITLAND
LION LANE
PINECROFT
LIMETREE
BIRCH CL.
B1113
ROAD
WILLIAMSPORT WY.
LOWER
Chalk Pit
Pippins
Junc. 51
Needham Lodge
54
Churchfield Plantation
DEBTRAC CENTRE
MILL
LANE
Gallows Hill
STREET
Pipps Ford
Poole Cottages
Great Plantation
E
F
G
H
10
11

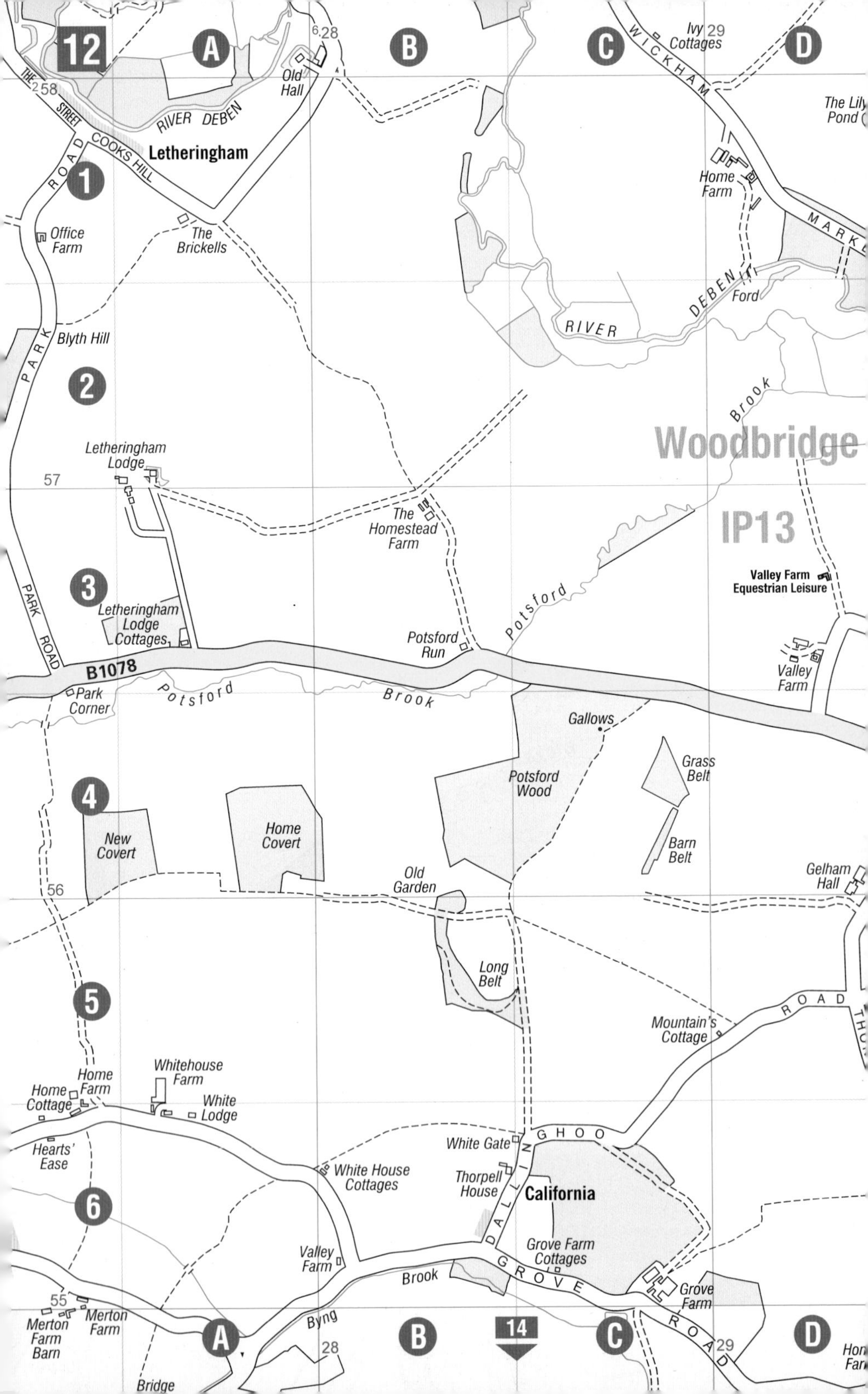
12
A
B
C
D
Letheringham
Old Hall
River Deben
The Street
Cooks Hill
Road
Park Road
Wickham
Ivy Cottages
The Lily Pond
Home Farm
Market
Ford
River Deben
Office Farm
The Brickells
Blyth Hill
Woodbridge
IP13
Letheringham Lodge
The Homestead Farm
Valley Farm Equestrian Leisure
Letheringham Lodge Cottages
Potsford Run
Potsford Brook
Valley Farm
B1078
Park Corner
Gallows
Potsford Wood
Grass Belt
Barn Belt
New Covert
Home Covert
Old Garden
Gelham Hall
Long Belt
Road
Mountain's Cottage
Home Farm
Home Cottage
Whitehouse Farm
White Lodge
Hearts' Ease
White Gate
White House Cottages
Thorpell House
California
Dallinghoo
Grove Farm Cottages
Valley Farm
Brook
Grove Road
Grove Farm
Merton Farm Barn
Merton Farm
Byng
Bridge
14
1
2
3
4
5
6
58
57
56
55
28
29

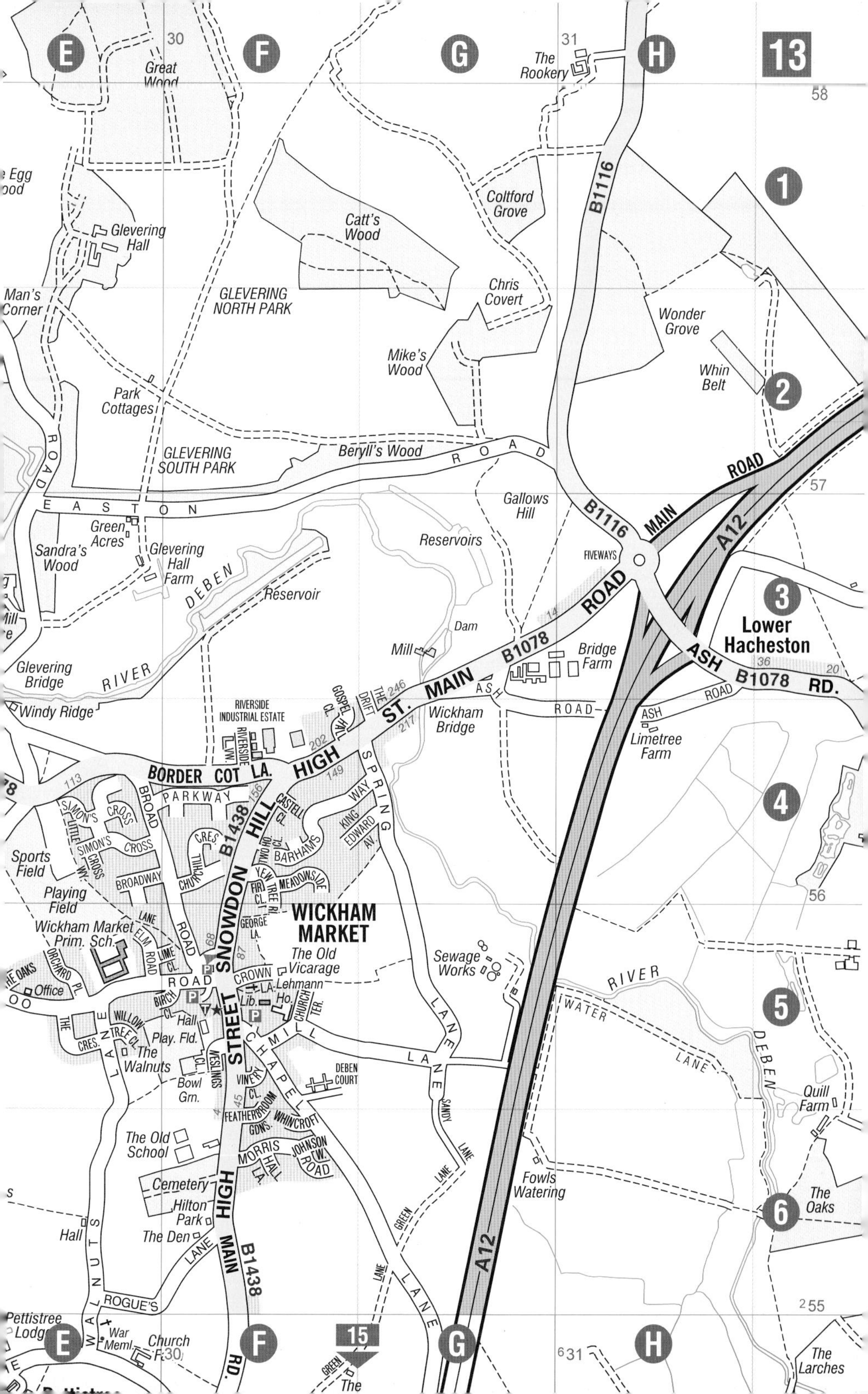
13
E
F
G
H
Great Wood
The Rookery
Coltford Grove
Catt's Wood
Glevering Hall
GLEVERING NORTH PARK
Chris Covert
Wonder Grove
Whin Belt
Man's Corner
Mike's Wood
Park Cottages
GLEVERING SOUTH PARK
Beryll's Wood
EASTON ROAD
B1116
MAIN ROAD
A12
Gallows Hill
FIVEWAYS
Green Acres
Sandra's Wood
Glevering Hall Farm
Reservoirs
Reservoir
RIVER DEBEN
Dam
Mill
Lower Hacheston
ASH B1078 RD.
Bridge Farm
Glevering Bridge
Windy Ridge
RIVERSIDE INDUSTRIAL ESTATE
GOSPEL HALL CL.
THE DRIFT
HIGH ST.
Wickham Bridge
ASH ROAD
Limetree Farm
BORDER COT LA.
PARKWAY
BROAD ROAD
SIMON'S CROSS
LITTLE SIMON'S CROSS
SNOWDON HILL
B1438
CASTELL CL.
SPRING LANE
KING EDWARD AV.
WAY
BARHAMS
CHURCH CRES.
Sports Field
Playing Field
BROADWAY
YEW TREE RI.
MEADOWSIDE
FIR CL.
WICKHAM MARKET
GEORGE LA.
Wickham Market Prim. Sch.
ELM ROAD
LIME CL.
The Old Vicarage
Sewage Works
THE OAKS
ORCHARD PL.
Office
CROWN LA.
Lehmann Ho.
Lib.
RIVER
WATER LANE
BIRCH CL.
Hall
CHURCH TER.
WILLOW TREE CL.
THE CRES.
Play. Fld.
MILL LANE
CHAPEL LANE
The Walnuts
WESLINGS CL.
HIGH STREET
DEBEN COURT
Bowl Grn.
VINERY CL.
FEATHERBROOM GDNS.
WHINCROFT
SANDY LANE
Quill Farm
The Old School
MORRIS HALL LA.
JOHNSON W. ROAD
Cemetery
Fowls Watering
GREEN LANE
Hilton Park
Hall
The Oaks
The Den
MAIN ROAD B1438
WALNUTS LANE
ROGUE'S LANE
Pettistree Lodge
War Meml.
Church
15
The Larches
56
57
58
55
1
2
3
4
5
6
30
31

14
A
B
C
D
12
24
1
2
3
4
5
6
Valley Farm
28
29
55
54
53
52
Merton Farm
Merton Farm Barn
Byng
GROVE
Grove Farm Cottages
Grove Farm
Home Farm
Bridge Cottages
Avondale
Little Orchard
Moat Farm
High Farm
Fen Cottages
Sunnyside
Potash Cottages
LANE
Cedar Cottages
Blacksmiths Cottages
Hall Cottages
Coopers Cottage
STUMP ST.
Low Farm
Byng Bri.
BYNG
Byng Brook
Stone Hall
Stone Hall Cottages
Silver Birches
Stonehall Barn
HUNGARIAN CLOSE
Townlands
Byng Hall
Woodbridge
Hungarian Hall
Anglia Sporting Activities
HALL
ROAD
Byng Brook
Ufford Thicks
Oak Cottage
Town Grove
LODGE RD.
ST
THE WALNUTS
UFFORD
ROAD
Round Grove
CLAPPERS PTH.
The Hermitage
HIGH
Nursery
Oak Farm
Stoney Ways
Grove House
THE
Arnie Wood
A12
The Orchards
Playing Field
Horse Close Wood
OLD BREDFIELD RD.
REDWOOD TERRACES
Reservoir
IP12
Grove Farm
YARMOUTH RD.
B1438
Bowling Grn.
Pav.
APPROACH
GARROD
Hospital Grove
PARKLANDS
LIME CL.
Depot
Nursery
The White House
CAGES WY.
SCOTT LA.
THOMAS
Melton Park
CLEMENTS RD.
CHURCHYARD CL.
Craig Wood
RIXON CR.
THE CLUBHOUSE
The Lodge
Foxburrow House
UFFORD PARK

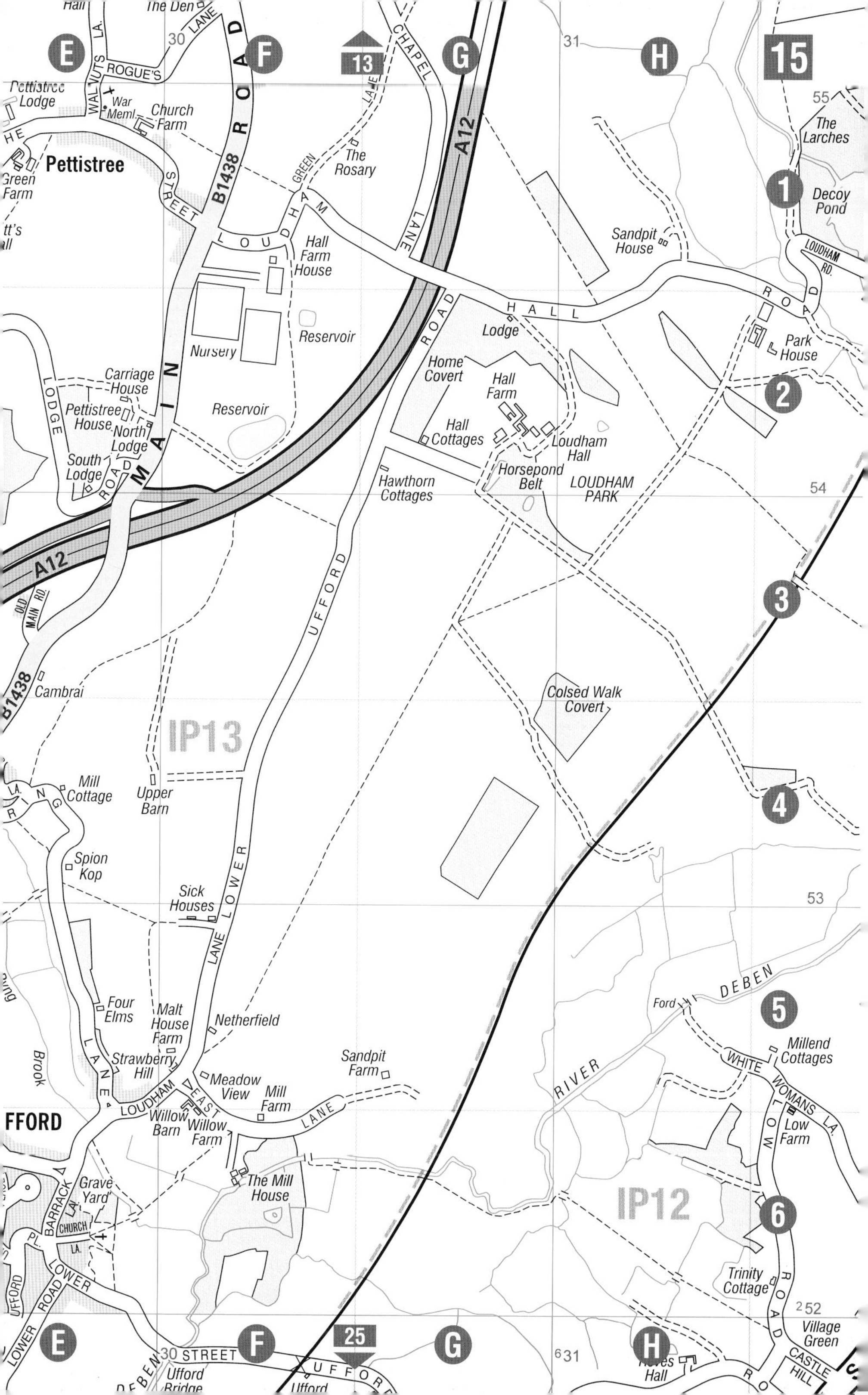

E
F
13
G
H
Pettistree Lodge
War Meml
Church Farm
Pettistree
Green Farm
The Den
ROGUE'S LANE
WALNUTS LA.
CHAPEL LANE
The Rosary
B1438 MAIN ROAD
A12
LOUDHAM GREEN
LOUDHAM HALL ROAD
Hall Farm House
Reservoir
Nursery
Carriage House
Pettistree House
North Lodge
South Lodge
LODGE ROAD
The Larches
Decoy Pond
LOUDHAM RD.
Sandpit House
Lodge
Park House
Home Covert
Hall Farm
Hall Cottages
Loudham Hall
Horsepond Belt
LOUDHAM PARK
Hawthorn Cottages
UFFORD ROAD
OLD MAIN RD.
Cambrai
IP13
Colsed Walk Covert
Mill Cottage
RING LA.
Upper Barn
Spion Kop
Sick Houses
LOWER LANE
Four Elms
Malt House Farm
Netherfield
Strawberry Hill
Brook
Sandpit Farm
Meadow View
Mill Farm
EAST LANE
Willow Barn
Willow Farm
The Mill House
Grave Yard
BARRACK LA.
CHURCH LA.
LOWER ROAD
UFFORD
FFORD
Ford
RIVER DEBEN
Millend Cottages
WHITE WOMANS LA.
Low Farm
LOW ROAD
IP12
Trinity Cottage
Village Green
CASTLE HILL
Hall
STREET
Ufford Bridge
UFFORD
Ufford
25
1
2
3
4
5
6
30
31
55
54
53
52

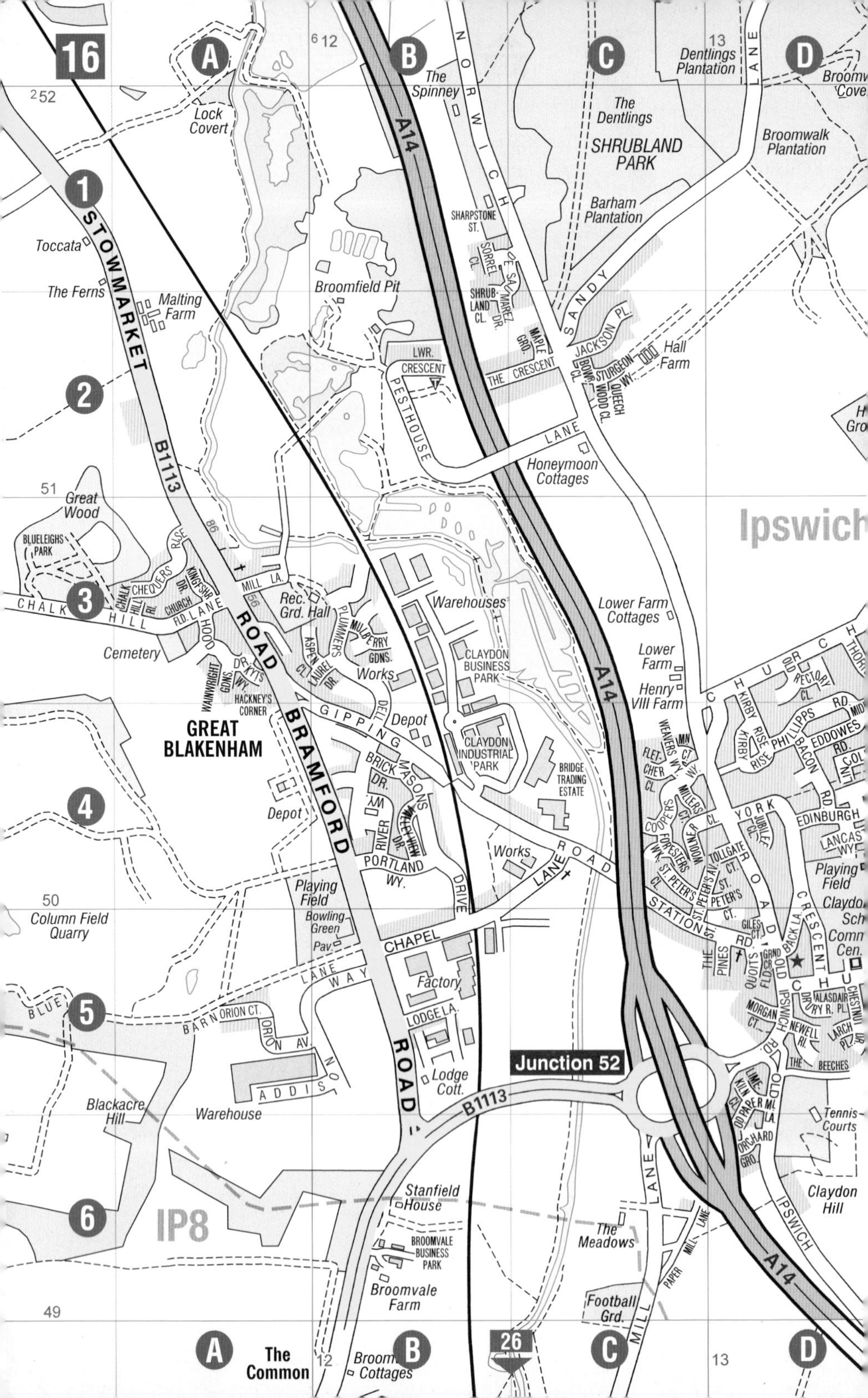

A
B
C
D
1
2
3
4
5
6
Lock Covert
The Spinney
The Dentlings
SHRUBLAND PARK
Dentlings Plantation
Broomwalk Plantation
Barham Plantation
Toccata
The Ferns
Malting Farm
Broomfield Pit
STOWMARKET
B1113
A14
NORWICH
SHARPSTONE ST.
SORREL CL.
SHRUB-LAND CL.
SAUMAREZ DR.
MAPLE GRO.
THE CRESCENT
LWR. CRESCENT
PESTHOUSE
LANE
SANDY
JACKSON PL.
STURGEON WY.
QUEECH
BOWR. WOOD CL.
Hall Farm
Honeymoon Cottages
Ipswich
Great Wood
BLUELEIGHS PARK
CHEQUERS RISE
KINGSHR DR.
CHALK HILL RI.
CHURCH FLD.
LANE
CHALK HILL
MILL LA.
Rec. Grd. Hall
PLUMMERS
ASPEN CL.
LAUREL DR.
MULBERRY GDNS.
Works
Warehouses
CLAYDON BUSINESS PARK
Lower Farm Cottages
Lower Farm
Henry VIII Farm
Cemetery
HOO
WAINWRIGHT GDNS.
KYTS DR.
HACKNEY'S CORNER
GREAT BLAKENHAM
ROAD
BRAMFORD
GIPPING
DELL
Depot
CLAYDON INDUSTRIAL PARK
BRIDGE TRADING ESTATE
BRICK DR.
MASONS
RIVER DR.
VALLEY VIEW
PORTLAND WY.
DRIVE
Works
LANE
ROAD
STATION
Playing Field
Bowling Green
Pav.
Column Field Quarry
CHAPEL
LANE
WAY
Factory
LODGE LA.
BLUE
BARN
ORION CT.
ORION AV.
ADDIS
Warehouse
Lodge Cott.
Blackacre Hill
Junction 52
B1113
ROAD
Stanfield House
BROOMVALE BUSINESS PARK
Broomvale Farm
IP8
The Meadows
MILL LANE
PAPER MILL LANE
Football Grd.
The Common
Broom Cottages
26
IPSWICH
Claydon Hill
Tennis Courts
ORCHARD GRO.
LIME-KILN CL.
OLD PAPER ML LA.
OLD IPSWICH RD.
THE BEECHES
MORGAN CT.
NEWELL RI.
DRURY R.
ALASDAIR PL.
LARCH PL.
CHESTNUT
CHURCH
KIRBY RISE
OLD RECTORY CL.
PHILLIPPS RD.
EDDOWES
BACON
YORK
ROAD
JUBILEE CL.
EDINBURGH
LANCASTER WY.
Playing Field
Claydon Sch.
Comm. Cen.
CRESCENT
BACK LA.
WEAVERS WY.
MN CT.
FLETCHER CL.
COOPERS WY.
MILLERS CT.
FORESTERS WY.
WOOLNER CL.
TOLLGATE CT.
ST. PETER'S CL.
ST. PETER'S AV.
ST. PETER'S CT.
GILES CT.
THE PINES
QUOITS FLD.
GRND. CR.
OLD RD.

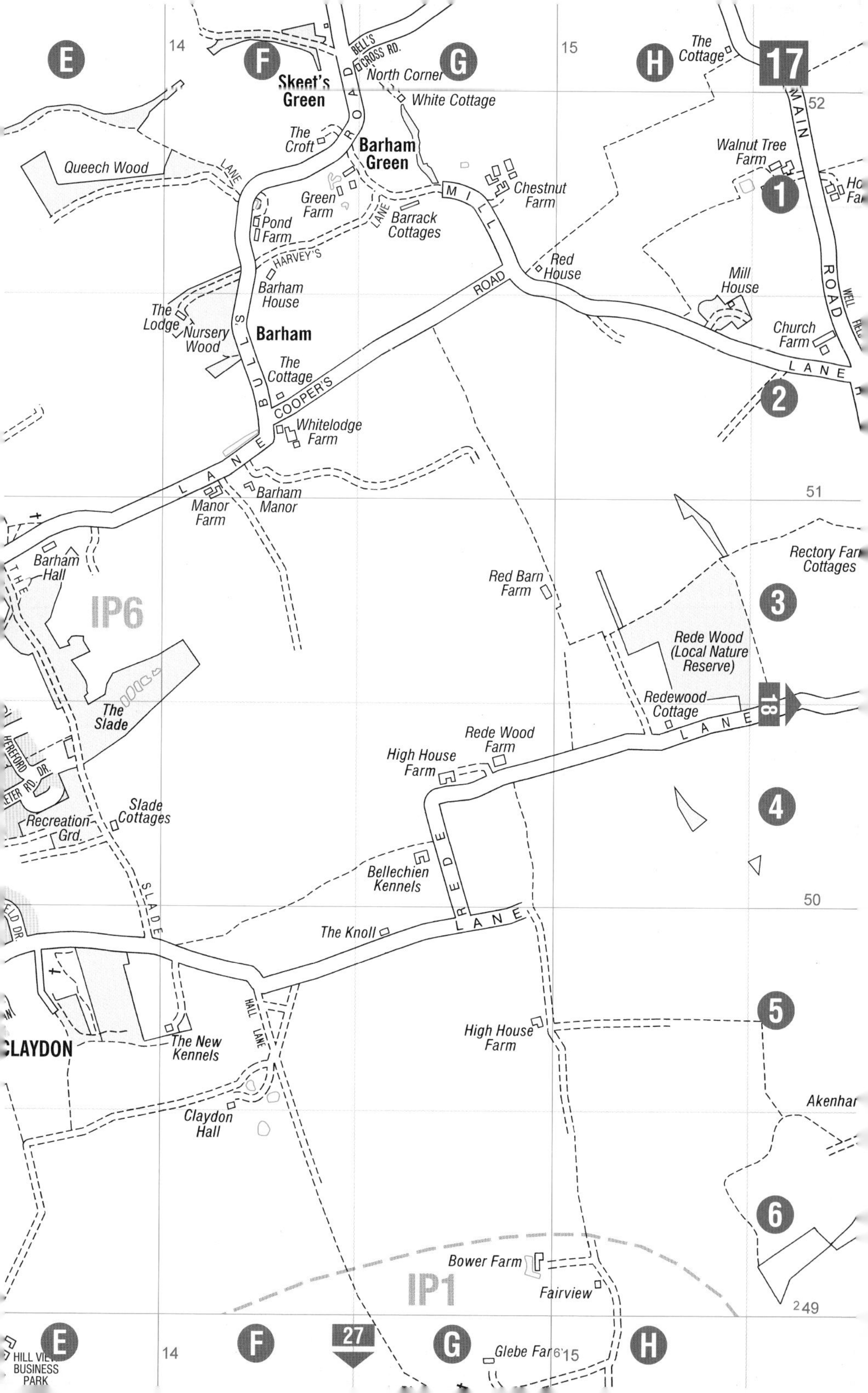

17
E
F
G
H
14
15
52
51
50
49
Skeet's Green
Barham Green
Barham
CLAYDON
IP6
IP1
BELL'S CROSS RD.
North Corner
White Cottage
The Cottage
Walnut Tree Farm
Queech Wood
LANE
The Croft
ROAD
Green Farm
Pond Farm
Barrack Cottages
MILL
Chestnut Farm
HARVEY'S
Red House
Mill House
Barham House
The Lodge
Nursery Wood
BULL'S LANE
The Cottage
COOPER'S ROAD
Whitelodge Farm
Church Farm
MAIN ROAD
LANE
Manor Farm
Barham Manor
Barham Hall
Red Barn Farm
Rectory Farm Cottages
Rede Wood (Local Nature Reserve)
Redewood Cottage
LANE
18
The Slade
Rede Wood Farm
High House Farm
HEREFORD DR.
Recreation Grd.
Slade Cottages
REDE LANE
Bellechien Kennels
SLADE
The Knoll
HALL LANE
The New Kennels
High House Farm
Claydon Hall
Akenham
Bower Farm
Fairview
27
Glebe Farm
HILL VIEW BUSINESS PARK
1
2
3
4
5
6

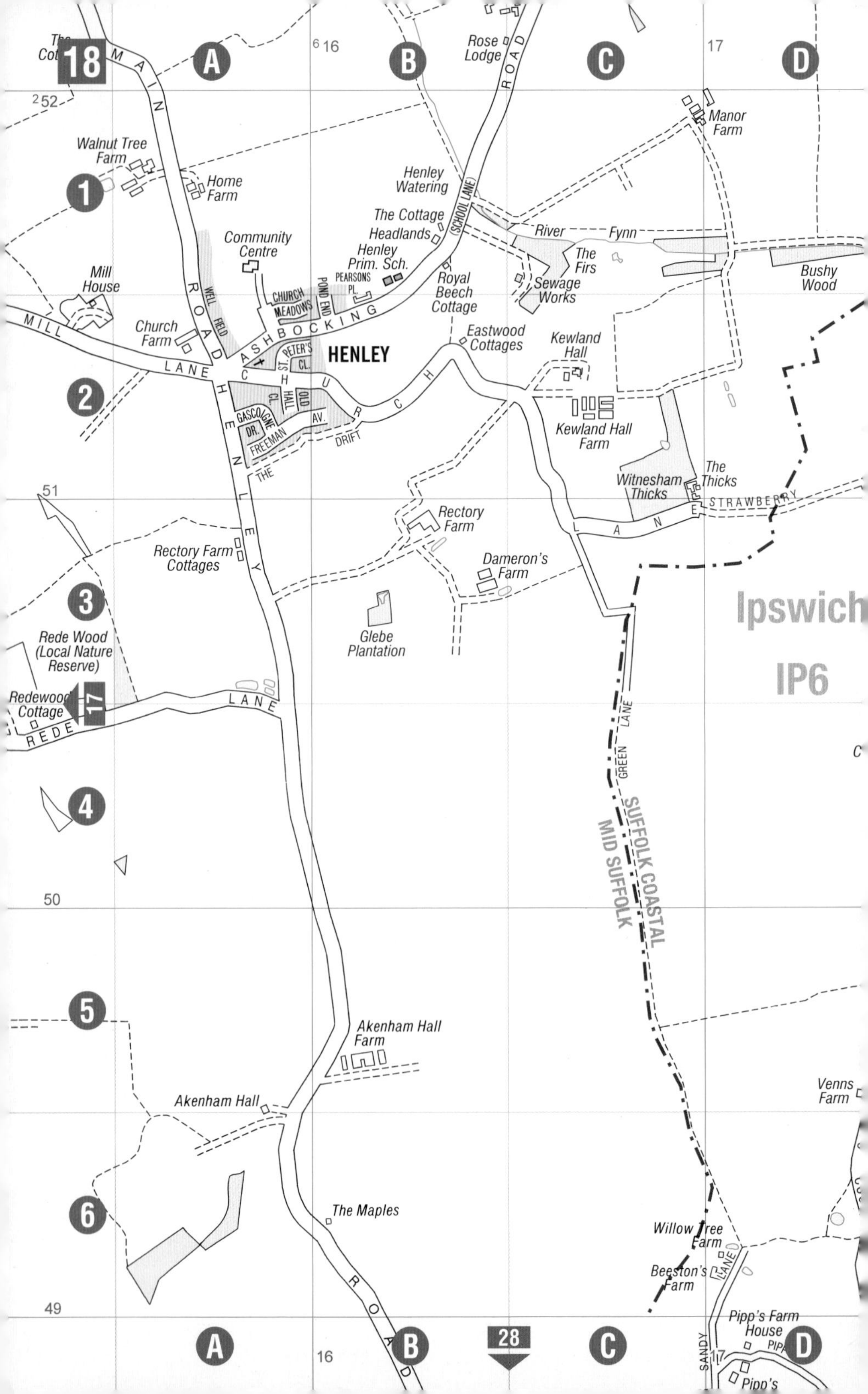
A
B
C
D
1
2
3
4
5
6
52
51
50
49
16
17
Walnut Tree Farm
Home Farm
Mill House
Community Centre
Church Farm
MILL LANE
MAIN ROAD
ASHBOCKING ROAD
WELL FIELD
CHURCH MEADOWS
POND END
PEARSONS PL.
Henley Prim. Sch.
Headlands
The Cottage
Henley Watering
Rose Lodge
(SCHOOL LANE)
Royal Beech Cottage
HENLEY
ST. PETER'S CL.
CHURCH
OLD HALL CL.
GASCOIGNE DR.
FREEMAN AV.
THE DRIFT
HENLEY ROAD
Eastwood Cottages
Kewland Hall
Kewland Hall Farm
River Fynn
The Firs
Sewage Works
Manor Farm
Bushy Wood
Witnesham Thicks
The Thicks
STRAWBERRY LANE
Rectory Farm
Rectory Farm Cottages
Dameron's Farm
Glebe Plantation
Ipswich
IP6
Rede Wood (Local Nature Reserve)
Redewood Cottage
REDE LANE
17
GREEN LANE
SUFFOLK COASTAL
MID SUFFOLK
Akenham Hall Farm
Akenham Hall
The Maples
ROAD
Venns Farm
Willow Tree Farm
Beeston's Farm
LANE
Pipp's Farm House
SANDY
Pipp's
28

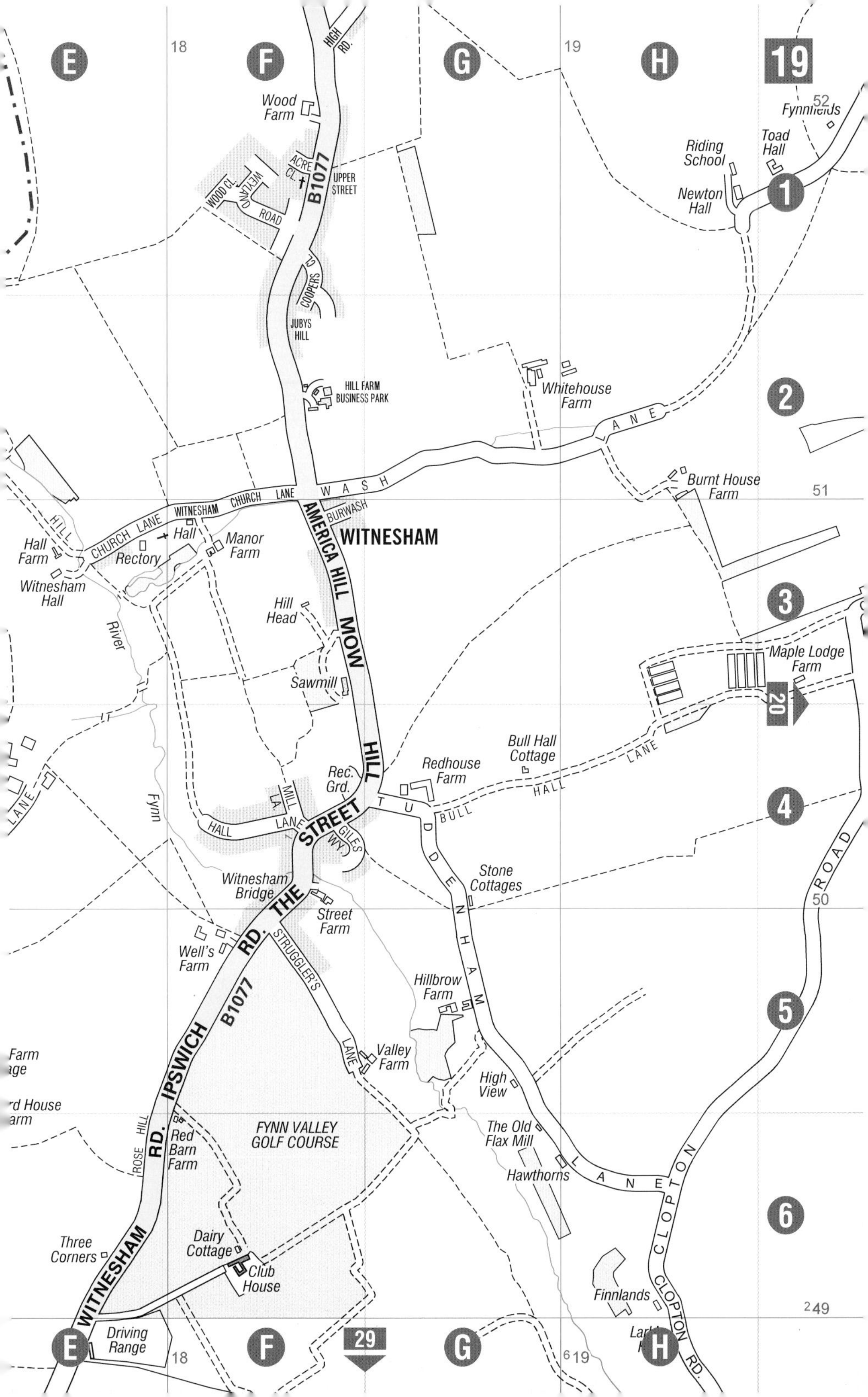

19
E
F
G
H
18
19
52
51
50
49
1
2
3
4
5
6
20
29
HIGH RD.
Wood Farm
ACRE CL.
B1077
UPPER STREET
WOOD CL.
WEYLAND ROAD
Fynnfields
Toad Hall
Riding School
Newton Hall
COOPERS CL.
JUBYS HILL
HILL FARM BUSINESS PARK
Whitehouse Farm
LANE
WASH
Burnt House Farm
CHURCH LANE
WITNESHAM
Hall
Manor Farm
BURWASH
WITNESHAM
HILL
Hall Farm
Rectory
Witnesham Hall
AMERICA HILL
MOW HILL
Hill Head
River
Sawmill
Maple Lodge Farm
Fynn
Bull Hall Cottage
Redhouse Farm
LANE
HALL
BULL
Rec. Grd.
MILL LA.
HALL LANE
STREET
GILES WY.
TUDDENHAM
LANE
Stone Cottages
ROAD
Witnesham Bridge
THE
Street Farm
RD.
STRUGGLER'S LANE
Well's Farm
Hillbrow Farm
IPSWICH
B1077
Valley Farm
High View
ROSE HILL
RD.
Red Barn Farm
FYNN VALLEY GOLF COURSE
The Old Flax Mill
Hawthorns
CLOPTON
LANE
Three Corners
WITNESHAM
Dairy Cottage
Club House
Finnlands
CLOPTON RD.
Driving Range
Farm
rd House
arm

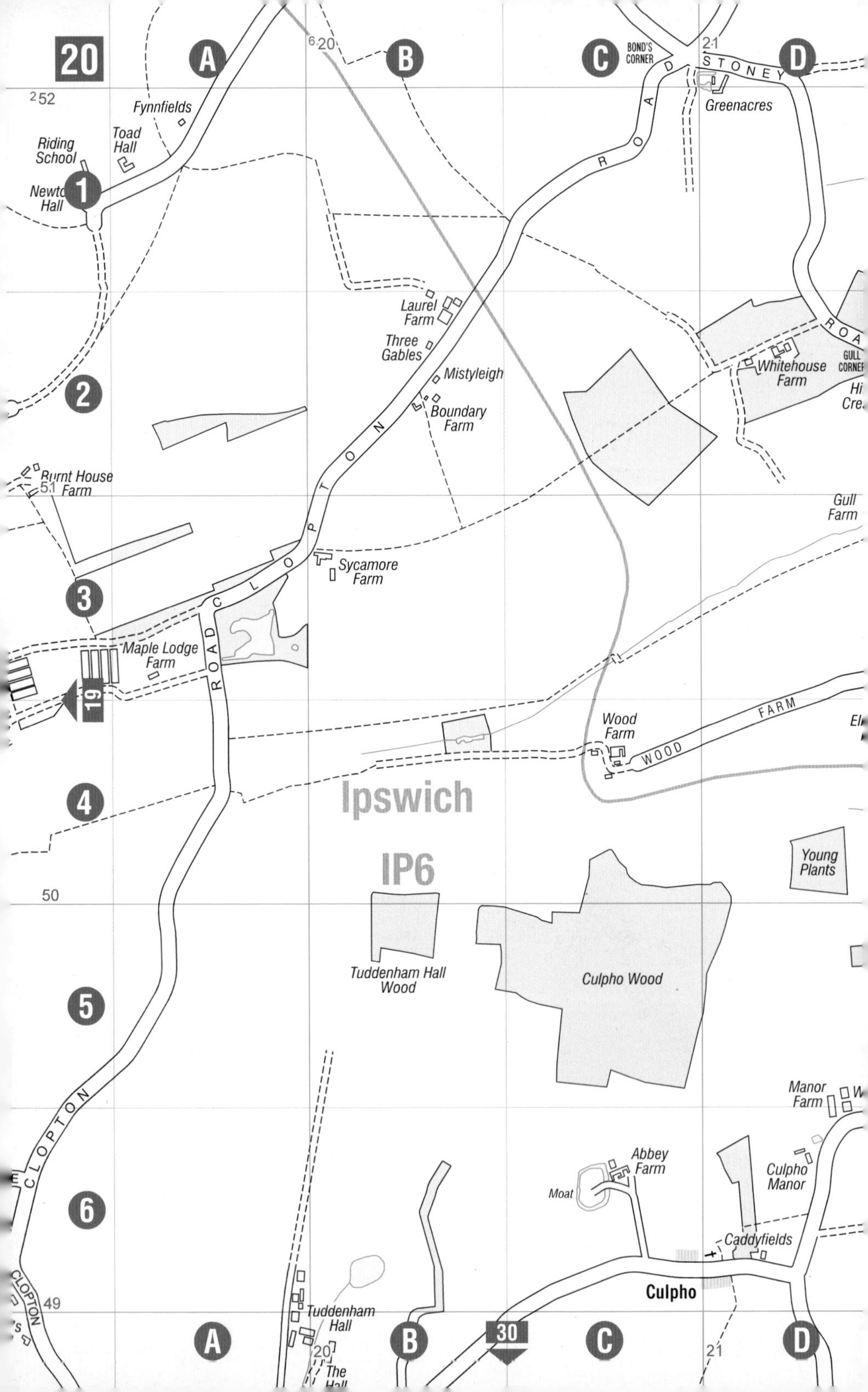
A
B
C
D
1
2
3
4
5
6
BOND'S CORNER
STONEY ROAD
Greenacres
Fynnfields
Toad Hall
Riding School
Newton Hall
Laurel Farm
Three Gables
Mistyleigh
Boundary Farm
CLOPTON ROAD
Burnt House Farm
Sycamore Farm
Maple Lodge Farm
19
Whitehouse Farm
GULL CORNER
Gull Farm
Wood Farm
WOOD FARM
Ipswich
IP6
Young Plants
Tuddenham Hall Wood
Culpho Wood
Manor Farm
Abbey Farm
Moat
Culpho Manor
Caddyfields
Culpho
CLOPTON
Tuddenham Hall
The Hall
30
252
620
21
51
50
49
20
21

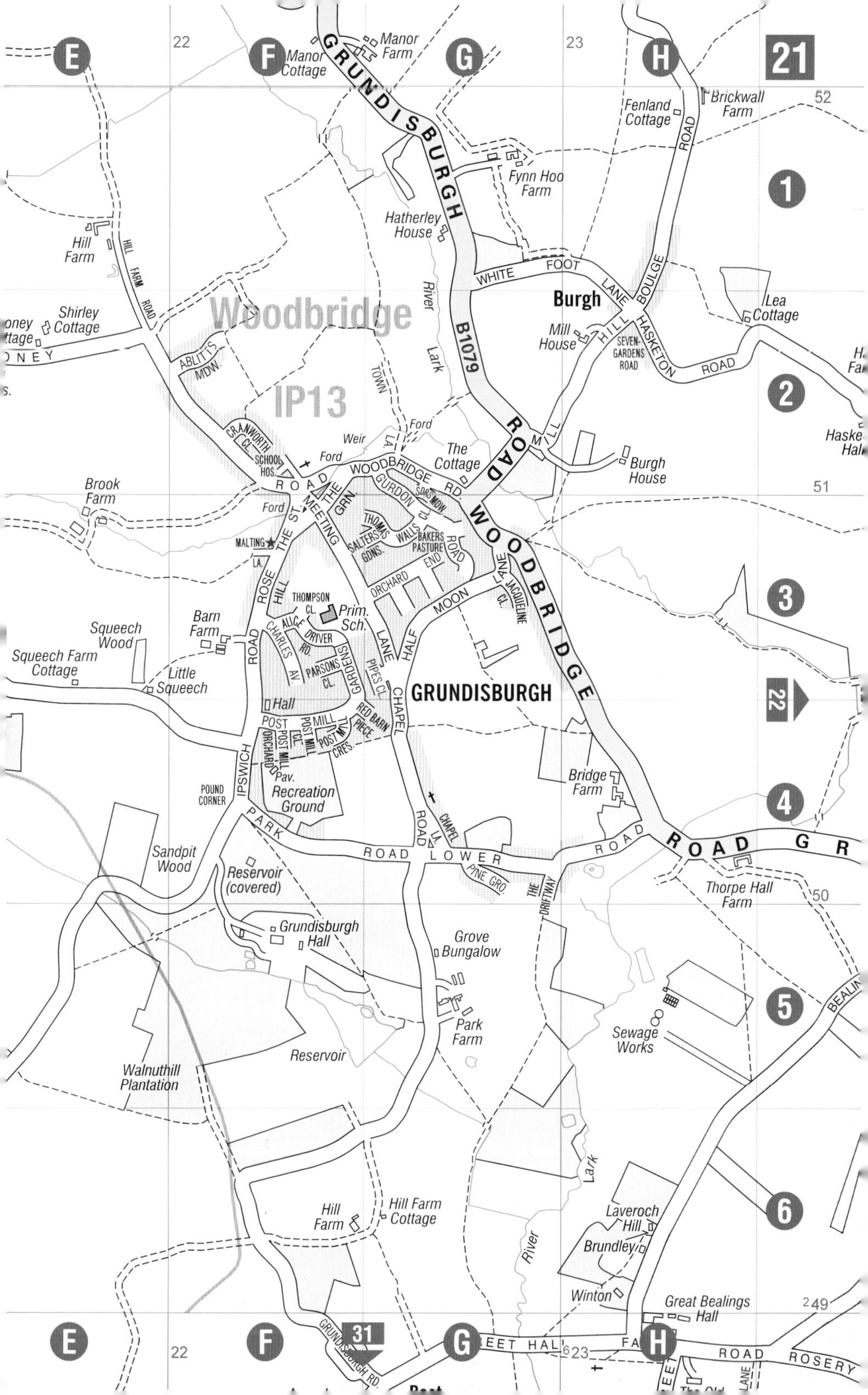

Woodbridge
IP13
GRUNDISBURGH
Burgh
GRUNDISBURGH ROAD
B1079
WOODBRIDGE ROAD
Manor Farm
Manor Cottage
Fenland Cottage
Brickwall Farm
Fynn Hoo Farm
Hatherley House
Hill Farm
Shirley Cottage
Lea Cottage
Mill House
Burgh House
The Cottage
Brook Farm
Barn Farm
Squeech Wood
Squeech Farm Cottage
Little Squeech
Prim. Sch.
Hall
Recreation Ground
Bridge Farm
Thorpe Hall Farm
Sandpit Wood
Reservoir (covered)
Grundisburgh Hall
Grove Bungalow
Park Farm
Sewage Works
Reservoir
Walnuthill Plantation
Hill Farm
Hill Farm Cottage
Laveroch Hill
Brundley
Winton
Great Bealings Hall
WHITE FOOT LANE
BOULGE ROAD
HASKETON ROAD
HILL
SEVEN-GARDENS ROAD
HILL FARM ROAD
ABLITTS MDW.
CRANWORTH CL.
SCHOOL HOS.
WOODBRIDGE RD.
THE GRN.
GURDON
THE ST.
MEETING LANE
THOMAS WALLS CL.
SALTERS GDNS.
BAKERS PASTURE
ORCHARD END
HALF MOON LANE
JACQUELINE CL.
ROSE HILL
THOMPSON CL.
ALICE DRIVER RD.
CHARLES AV.
PARSONS CL.
GARDENS
PIPES CL.
RED BARN PIECE
POST MILL CL.
POST MILL ORCHARD
POST MILL CRES.
CHAPEL ROAD
CHAPEL LA.
IPSWICH ROAD
POUND CORNER
PARK ROAD
LOWER ROAD
PINE GRO.
THE DRIFTWAY
River Lark
Ford
Weir
MALTING
Pav.
ROSERY
BEALINGS
22
23
52
51
50
49

22
31

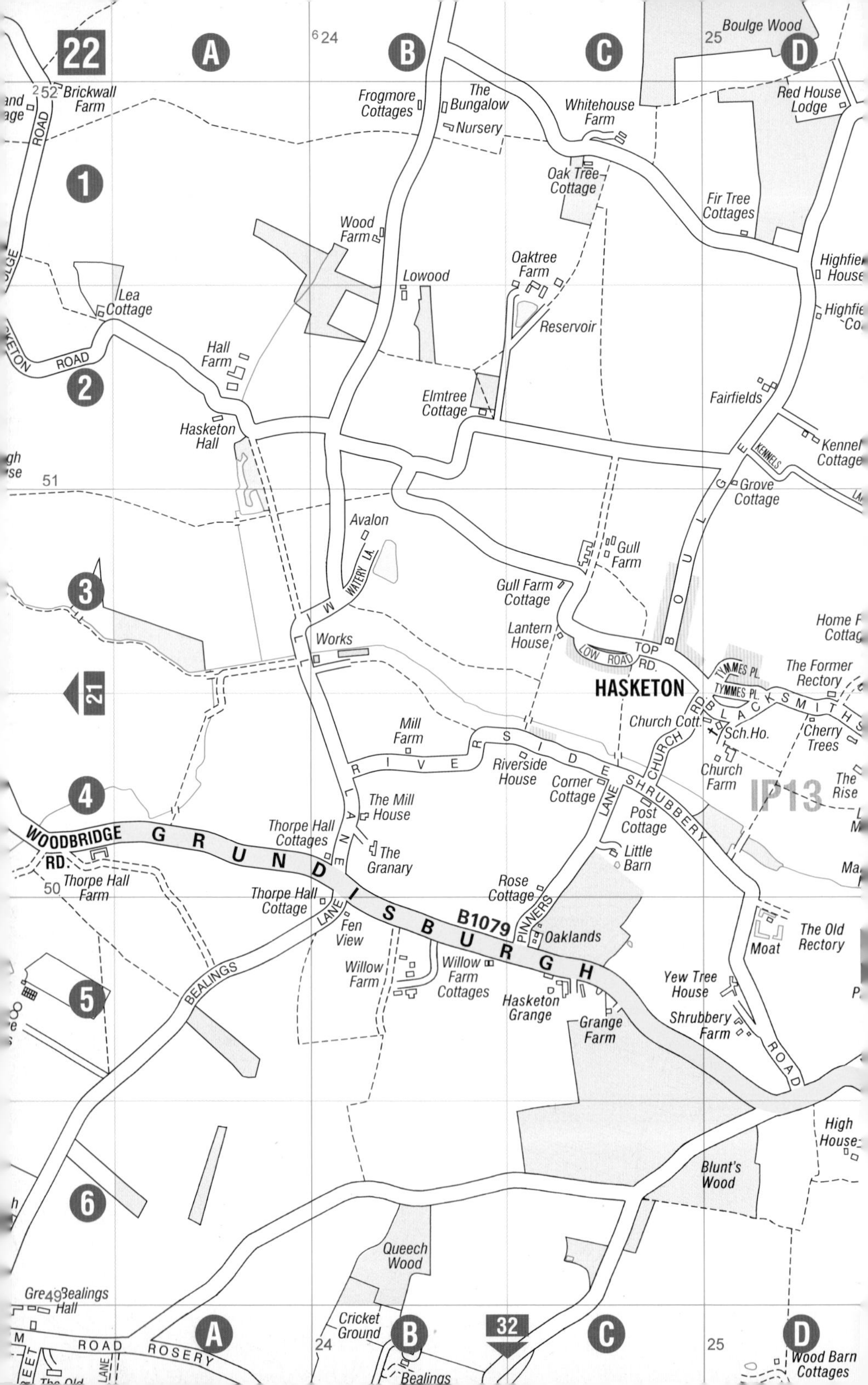
A
B
C
D
1
2
3
4
5
6
Boulge Wood
Red House Lodge
Brickwall Farm
Frogmore Cottages
The Bungalow
Nursery
Whitehouse Farm
Oak Tree Cottage
Fir Tree Cottages
Wood Farm
Lowood
Oaktree Farm
Reservoir
Lea Cottage
Hall Farm
Haskton Hall
Elmtree Cottage
Fairfields
Kennel Cottage
KENNELS
Grove Cottage
Avalon
WATERY LA.
Gull Farm
Gull Farm Cottage
Lantern House
LOW ROAD
TOP RD.
Works
HASKETON
TYMMES PL.
The Former Rectory
BLACKSMITHS
Church Cott.
Sch.Ho.
Cherry Trees
Mill Farm
RIVERSIDE
Riverside House
Corner Cottage
CHURCH RD.
Church Farm
The Rise
IP13
SHRUBBERY
Post Cottage
The Mill House
Thorpe Hall Cottages
The Granary
Little Barn
WOODBRIDGE RD.
GRUNDISBURGH
B1079
Thorpe Hall Farm
Thorpe Hall Cottage
Rose Cottage
PINNERS
Oaklands
LANE
Fen View
Moat
The Old Rectory
Willow Farm
Willow Farm Cottages
Yew Tree House
Hasketon Grange
Shrubbery Farm
Grange Farm
BEALINGS
ROAD
BOULGE
High House
Blunt's Wood
Queech Wood
Great Bealings Hall
Cricket Ground
ROSERY
Bealings
Wood Barn Cottages
21
32
24
25
49
50
51
52

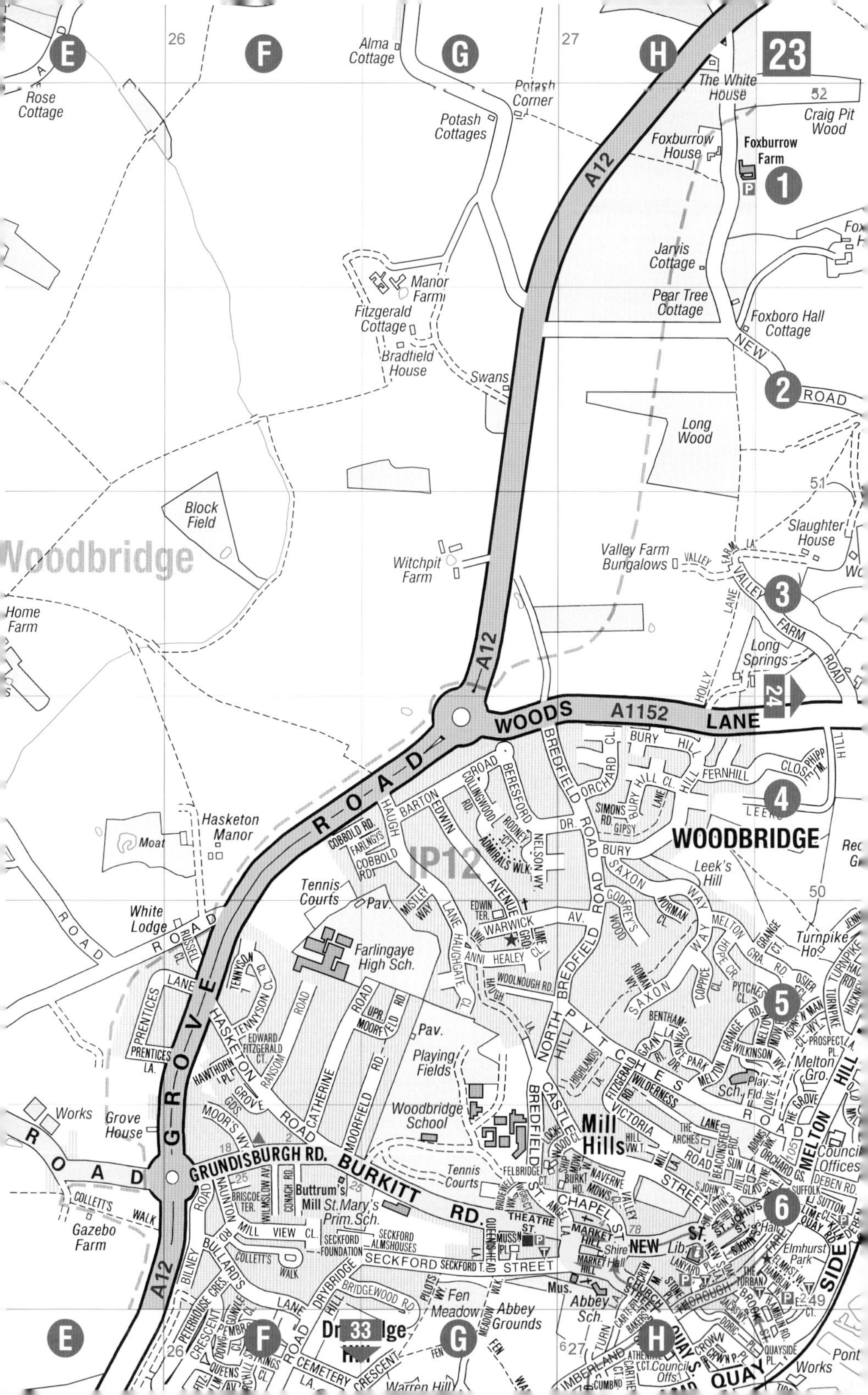

23
Rose Cottage
Alma Cottage
Potash Corner
Potash Cottages
The White House
Craig Pit Wood
Foxburrow House
Foxburrow Farm
A12
Jarvis Cottage
Pear Tree Cottage
Foxboro Hall Cottage
Manor Farm
Fitzgerald Cottage
Bradfield House
Swans
NEW ROAD
Long Wood
Block Field
Woodbridge
Witchpit Farm
Valley Farm Bungalows
Slaughter House
VALLEY FARM LANE
VALLEY FARM ROAD
Long Springs
Home Farm
WOODS A1152 LANE
ROAD
Hasketon Manor
Moat
WOODBRIDGE
IP12
Leek's Hill
Tennis Courts
Farlingaye High Sch.
White Lodge
Turnpike Ho.
GROVE ROAD
Playing Fields
Woodbridge School
Mill Hills
Works
Grove House
GRUNDISBURGH RD.
BURKITT RD.
Buttrum's Mill
St.Mary's Prim.Sch.
Gazebo Farm
COLLETT'S WALK
SECKFORD STREET
Tennis Courts
Shire Hall
Lib.
Melton Gro.
Council Offices
MELTON HILL
Elmhurst Park
Fen Meadow
Abbey Grounds
Abbey Sch.
Mus.
QUAY SIDE
Works
Warren Hill
33
24

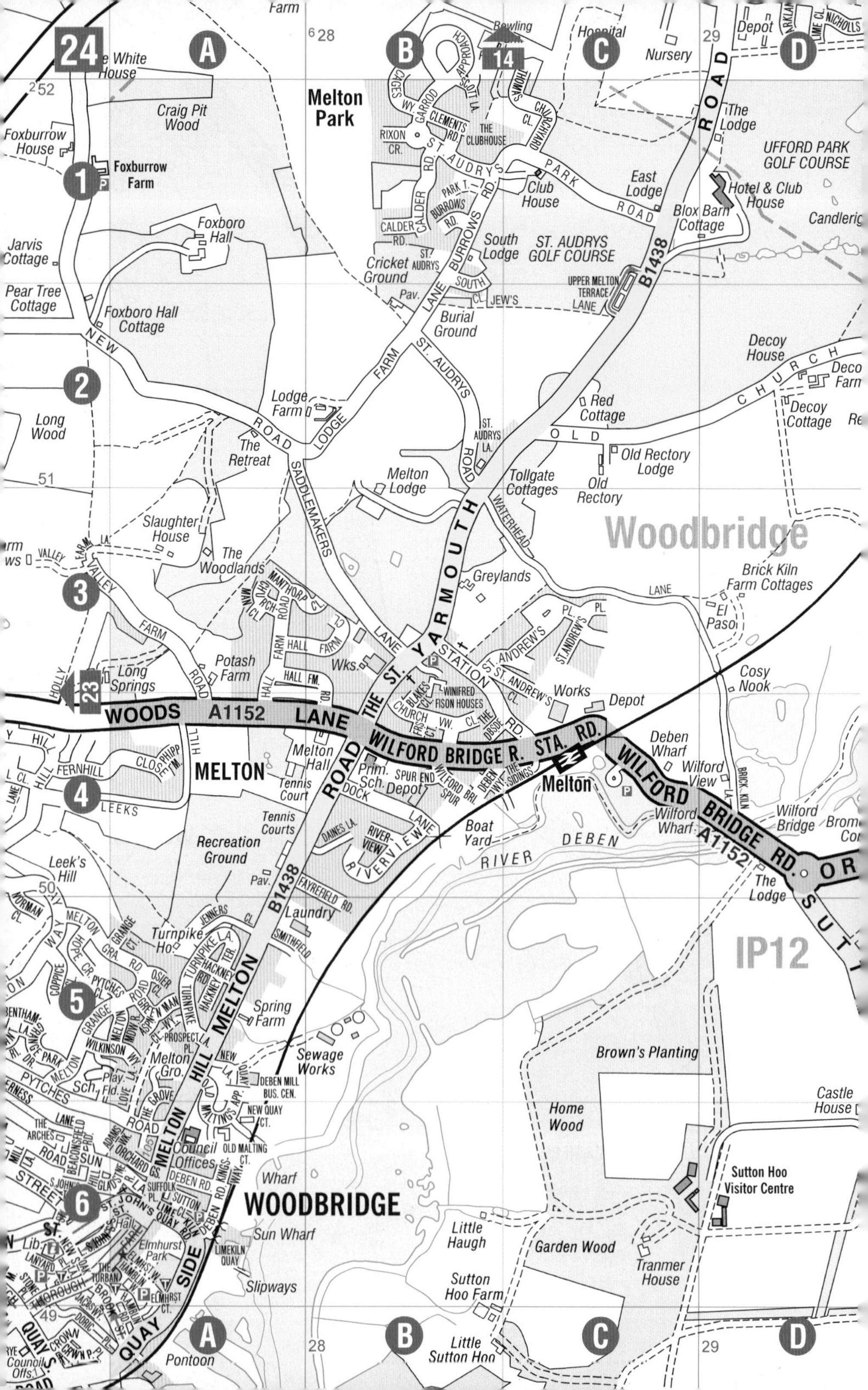

Melton Park
Foxburrow Farm
Foxboro Hall
Craig Pit Wood
Long Wood
Slaughter House
The Woodlands
Potash Farm
Long Springs
WOODS A1152 LANE
WILFORD BRIDGE R.
STA. RD.
WILFORD BRIDGE RD.
MELTON
Melton
Melton Hall
Recreation Ground
Leek's Hill
Laundry
Turnpike Ho.
Spring Farm
Sewage Works
Council Offices
WOODBRIDGE
Sun Wharf
Slipways
Pontoon
Little Haugh
Sutton Hoo Farm
Little Sutton Hoo
Garden Wood
Tranmer House
Sutton Hoo Visitor Centre
Home Wood
Brown's Planting
Castle House
IP12
Woodbridge
Brick Kiln Farm Cottages
El Paso
Cosy Nook
Deben Wharf
Wilford View
Wilford Wharf
Wilford Bridge
RIVER DEBEN
Boat Yard
Tollgate Cottages
Old Rectory
Old Rectory Lodge
Red Cottage
Decoy House
Decoy Cottage
ST. AUDRYS GOLF COURSE
UFFORD PARK GOLF COURSE
Hotel & Club House
Blox Barn Cottage
East Lodge
The Lodge
Nursery
Hospital
Club House
The Clubhouse
South Lodge
Cricket Ground
Burial Ground
Lodge Farm
The Retreat
Melton Lodge
Greylands
B1438
ST. YARMOUTH ROAD
Foxboro Hall Cottage
Pear Tree Cottage
Jarvis Cottage
Foxburrow House
The White House

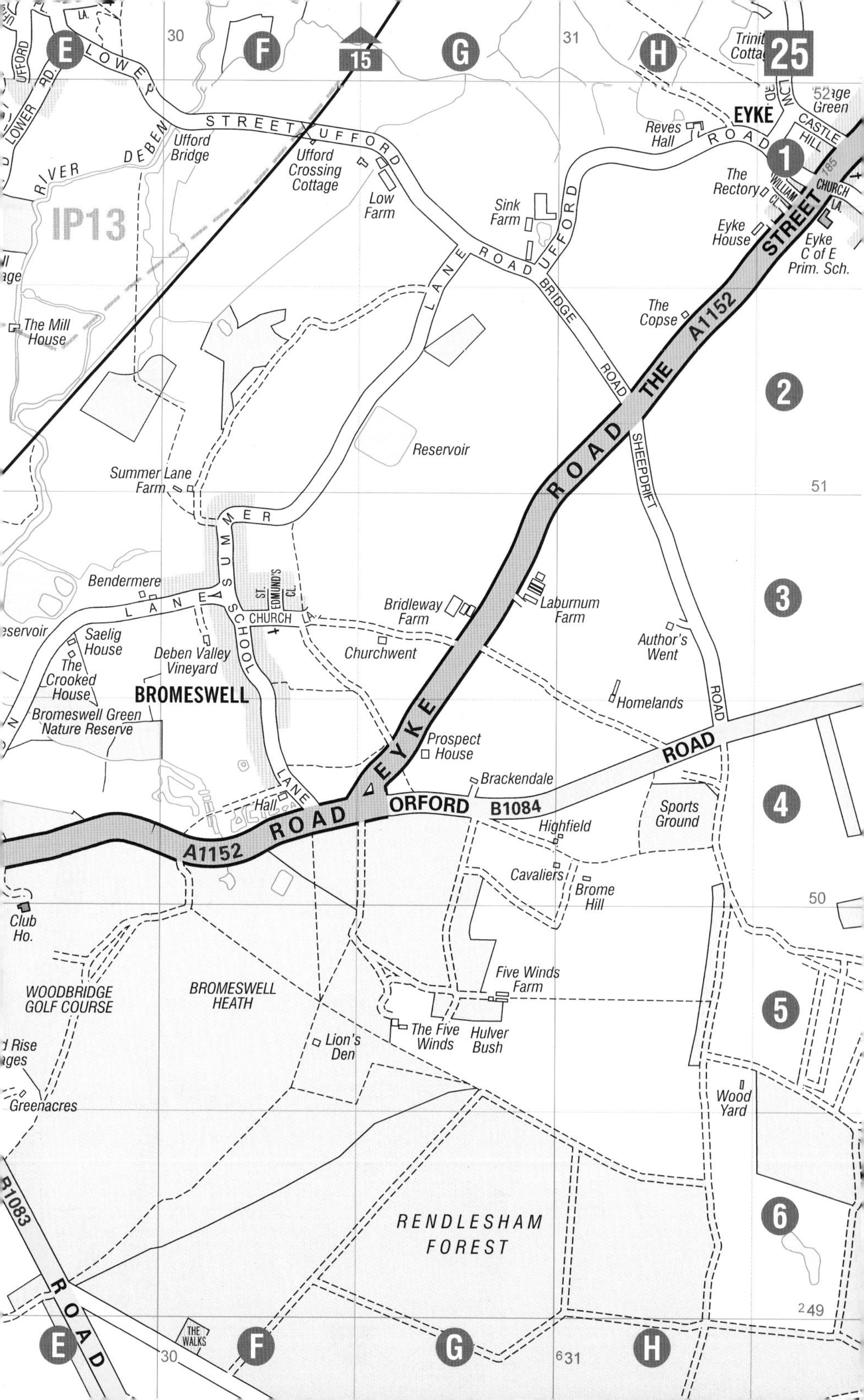

25
15
E
F
G
H
30
31
EYKE
Reves Hall
Trinity Cottages
Eyke House
The Rectory
Eyke C of E Prim. Sch.
CASTLE HILL
CHURCH LA.
WILLIAM CL.
THE STREET
A1152
Ufford Bridge
Ufford Crossing Cottage
Low Farm
Sink Farm
LOWER STREET
UFFORD ROAD
RIVER DEBEN
LOWER RD.
UFFORD
IP13
The Mill House
The Copse
BRIDGE ROAD
LANE
SHEEPDRIFT ROAD
Reservoir
Summer Lane Farm
SUMMER LANE
ST. EDMUND'S CL.
CHURCH LA.
SCHOOL LANE
Bendermere
Bridleway Farm
Laburnum Farm
Churchwent
Author's Went
Homelands
Saelig House
The Crooked House
Deben Valley Vineyard
BROMESWELL
Bromeswell Green Nature Reserve
Prospect House
Brackendale
ORFORD ROAD B1084
EYKE ROAD
A1152 ROAD
Hall
Highfield
Sports Ground
Cavaliers
Brome Hill
Club Ho.
WOODBRIDGE GOLF COURSE
BROMESWELL HEATH
Five Winds Farm
The Five Winds
Hulver Bush
Lion's Den
Wood Yard
Greenacres
RENDLESHAM FOREST
B1083 ROAD
THE WALKS
1
2
3
4
5
6
51
50
49

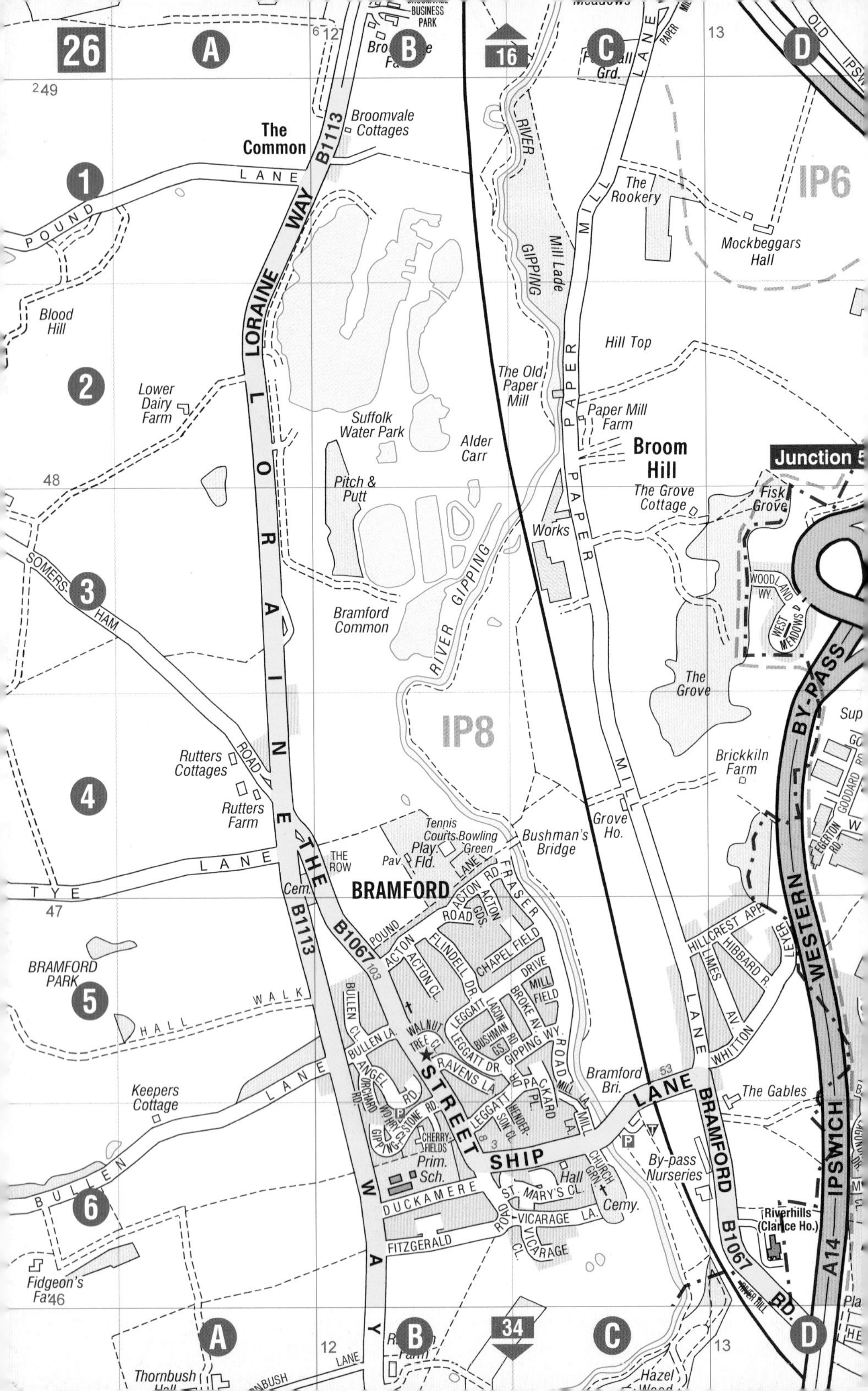

The Common
Broomvale Cottages
LORAINE WAY
B1113
POUND LANE
Blood Hill
Lower Dairy Farm
Suffolk Water Park
Pitch & Putt
Alder Carr
Bramford Common
RIVER GIPPING
Mill Lade
The Old Paper Mill
PAPER MILL LANE
Paper Mill Farm
Broom Hill
Hill Top
The Rookery
Mockbeggars Hall
IP6
Junction 5
The Grove Cottage
Fisk Grove
Works
WOODLAND WY.
WEST MEADOWS
The Grove
IP8
SOMERSHAM ROAD
Rutters Cottages
Rutters Farm
Brickkiln Farm
Grove Ho.
Tennis Courts
Bowling Green
Play. Fld.
Pav.
Bushman's Bridge
THE ROW
TYE LANE
Cem.
BRAMFORD
THE STREET
B1067
POUND LA.
ACTON RD.
ACTON GDS.
FRASER ROAD
ACTON CL.
FLINDELL DR.
CHAPEL FIELD
MILL FIELD
DRIVE
BROKE AV.
LADON RD.
BUSHMAN GS.
LEGGATT DR.
GIPPING WY.
WALNUT TREE CL.
BULLEN CL.
BULLEN LA.
ANGEL RD.
ORCHARD RD.
RAVENS LA.
PACKARD PL.
HENDERSON CL.
MILL LA.
WOOLNER CL.
GIPPING-STONE RD.
CHERRY FIELDS
Prim. Sch.
SHIP LANE
Bramford Bri.
By-pass Nurseries
Hall
CHURCH GRN.
ST. MARY'S CL.
Cemy.
DUCKAMERE
VICARAGE LA.
VICARAGE CL.
FITZGERALD ROAD
BRAMFORD PARK
HALL WALK
Keepers Cottage
BULLEN LANE
Fidgeon's Fa.
Thornbush Hall
HILLCREST APP.
HIBBARD R.
LIMES AV.
WHITTON LANE
LEYER
WESTERN BY-PASS
GODDARD RD.
EGERTON RD.
The Gables
BRAMFORD RD.
Riverhills (Clance Ho.)
A14 IPSWICH
Hazel Wood
Sup
OLD IPSWICH
A B C D
1 2 3 4 5 6
12 13
49 48 47 46

16
34

E
F
G
H
17
Bower Farm
Fairview
Glebe Farm
HILL VIEW BUSINESS PARK
Rise Hall
Ash Pollard
The Island
Akenham
Walnut-tree Farm
THURLESTON
THURLESTON LANE
Pumping Station
Thurleston Fa
LANE
Ipswich
WHITTON PARK
Spring Meadow
Thurleston Lodge
MID SUFFOLK
IPSWICH
Church Farm
NORWICH
OLD
Cycle Track
Playing Field
Ormiston Endeavour Academy
Whitton Sports & Comm. Cen.
WHITTON CHURCH LA.
CHURCH LANE
Whitton
WHITTON ROAD
MITFORD CL.
GOODWOOD CL.
EPSOM DRIVE
LAMBOURNE RD.
LUDLOW
TAUNTON CL.
CHEPSTOW
LINGFIELD
DEFOE ROAD
AKENHAM CL.
MACAULAY RD.
CARLYLE CL.
HOMER CL.
Hall
Retail Park
PARKWAY
Corporation Fm.
FISK'S LA.
BALLATER CL.
SHAKESPEARE
BYRON
HARDY CR.
GOLDSMITH
SPENSER
CHAUCER RD.
THACKERAY RD.
THACKERAY R.
Whitton Rec. Grd.
Playgrd.
PARNELL CL.
PARNELL RD
SHENSTONE
LIMECROFT CL.
HEATHERCROFT RD.
MAYCROFT CL.
SANDOWN
SANDOWN CL.
HOLLYCROFT
FIRCROFT
LINCOLN CL.
28
King George's Field
Pav.
Football Grd.
KEATS CR.
COLERIDGE
MOORE RD.
BURKE RD.
HAZLITT RD.
KEMPTON RD.
KEMPTON CL.
Castle Hill Jun.& Inf. Schs.
A1156 ROAD
MALKIN CL.
WORDSWORTH CR.
SPENSER
BLAKE RD.
KIPLING RD.
BROWNING RD.
MACAULAY
KINGSLEY CL.
SHIRLEY CL.
DRYDEN
PALMCROFT CL.
ELMCROFT
PEAR
QUANTUM BUS. PK.
DENCORA BUS. CEN.
DENCORA HO.
ALPHA BUS. PK.
SWINBURNE RD.
Whitton Prim. Sch.
ARNOLD CL.
BURKE CL.
BUNYAN CL.
CONGREVE
Playground
Castle Hill Rec. Grd.
HOUSE ROAD
626 RD.
BURNS
RD.
ROAD
GARRICK WY.
CASTLE CT.
STRATFORD CT.
ALDERCROFT
47
WHITE HOUSE RD.
LIMERICK CL.
Comm. Cen.
STRATFORD
Prim. Sch.
BIRCHCROFT RD.
CAVAN RD.
WICKLOW RD.
DRIVE
MEREDITH RD.
HIGHFIELD
CHESTERFIELD
CEDARCROFT
TRANMERE
CHARLTON AV.
PRESTON
WILLOWCROFT RD.
FIRCROFT ROAD
HAZELCROFT RD.
LARC
TYRONE CL.
MAYO CT.
Playgrd.
Whitehouse Rec. Grd.
IP1
PINECROFT
ROSECROFT
5
DONEGAL
KILDARE
SHAMROCK HO.
CORK PL.
White House
GROVE
DRIVE
LARCHCROFT
DALE
KERRY
AVENUE
Playing Field
MANSFIELD AV.
The Meadows Montessori Sch.
Dale Hall Prim. Sch.
WEXFORD RD.
CONNAUGHT RD.
WATERFORD
Whitehouse Prim. Sch.
BROADWAY LA.
549
508
Comm. Cen.
Sch.
CHELSEA CL.
EVERTON CR.
ST. RAPHAEL CT.
BEECHCROFT
Works
Depot
QUEENSDALE CL.
BARNES SQ.
MCCLURE WY.
Westbourne Academy
Hall
SHRUBLAND AV.
RAVENSFIELD RD.
CASTLE ROAD
HIGHFIELD APP.
A1156
Hall
ASHCROFT RD.
KNIGHTSDALE ROAD
WHARFEDALE RD.
Depots
BARONS
Playgrd.
AVENUE
MARLOW
ULSTER
BRAMFORD LA.
MARLOW RD.
GALWAY AV.
ROAD
RAYLEIGH R.
WESTBOURNE
LISTER R.
426
PRINCEDALE CL.
Wks.
6
The Dales
CHELTEN
CHELTENHAM AV.
BRAMFORD
CL.
AGATE CL.
CORAL DR.
Playground
KELVIN RD.
ASH ROAD
402
SILVERDALE
WESTHOLME CL.
DALES
HIGH VIEW
OPAL AV.
CORAL
BROCKLEY CR.
RD.
DEBEN RD.
ROAD
Club Bowl.
400
MORNINGTON AV.
DALES VIEW RD.
PARK VIEW RD.
PINE AV.
PINE VIEW ROAD
COTSWOLD
46
Westbourne
DRIVE
BENNETT
SHAFTO RD.
WAVENEY RD.
35
Hall
LANE
Playgrd.
CROMER
THOMPSON R
CHESSING
BROOKFIELD LA.
ROAD
DALES VW.
KENSINGTON
ROAD
Sherrington Park
Lib.
Broomhill Park
HENNIKER
BROADWATER
14
15
49
48
1
2
3
4

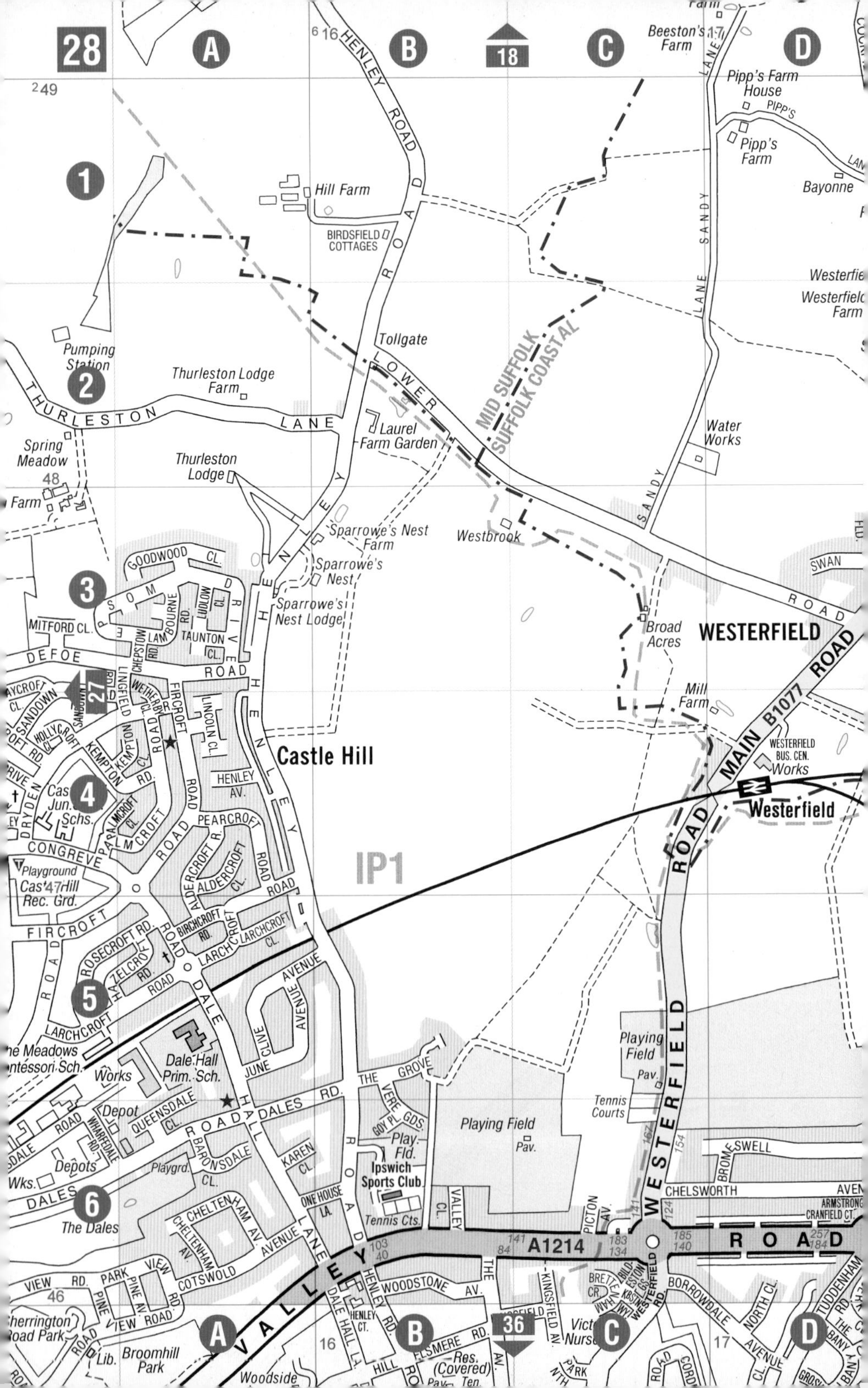
A
B
C
D
18
1
2
3
4
5
6
Henley Road
Hill Farm
Birdsfield Cottages
Beeston's Farm
Pipp's Farm House
Pipp's Farm
Bayonne
Sandy Lane
Westerfield Farm
Pumping Station
Thurleston Lane
Thurleston Lodge Farm
Tollgate
Lower
Laurel Farm Garden
Mid Suffolk
Suffolk Coastal
Water Works
Spring Meadow
Thurleston Lodge
Sparrowe's Nest Farm
Westbrook
Sparrowe's Nest
Sparrowe's Nest Lodge
Goodwood Cl.
Epsom Drive
Mitford Cl.
Ludlow Cl.
Bourne Rd.
Taunton Cl.
Chepstow Rd.
Defoe Road
Broad Acres
WESTERFIELD
Swan
Mill Farm
Main B1077 Road
Westerfield Bus. Cen.
Works
Westerfield
Castle Hill
Henley Av.
Lincoln Cl.
Fircroft Road
Kempton Rd.
Sandown
Hollycroft
Lingfield
Pearcroft Road
Aldercroft Cl.
Congreve
Playground
Castle Hill Rec. Grd.
IP1
Birchcroft Rd.
Larchcroft Cl.
Rosecroft Rd.
Hazelcroft Rd.
Dale Road
Clive Avenue
June Avenue
Larchcroft
The Meadows
Montessori Sch.
Works
Dale Hall Prim. Sch.
The Grove
Vere Gds.
Goy Pl.
Play. Fld.
Playing Field
Pav.
Playing Field
Tennis Courts
Westerfield Road
Depot
Queensdale Cl.
Wharfedale Rd.
Dales Rd.
Depots
Baronsdale Cl.
Playgrd.
Karen Cl.
One House La.
Ipswich Sports Club
Tennis Cts.
Valley Cl.
Picton Av.
Swell
Bromeswell
Chelsworth Ave
Armstrong
Cranfield Ct.
Dales
The Dales
Cheltenham Av.
Avenue
Valley Road
A1214
Road
View Rd.
Park View Rd.
Pine Av.
Cotswold
Woodstone Av.
Henley Rd.
Henley Ct.
Dale Hall La.
Kingsfield Av.
Borrowdale Avenue
North Cl.
Tuddenham Rd.
Sherrington Road Park
Lib.
Broomhill Park
Elsmere Rd.
Res. (Covered)
Woodside
36
16
17
46
47
48
49

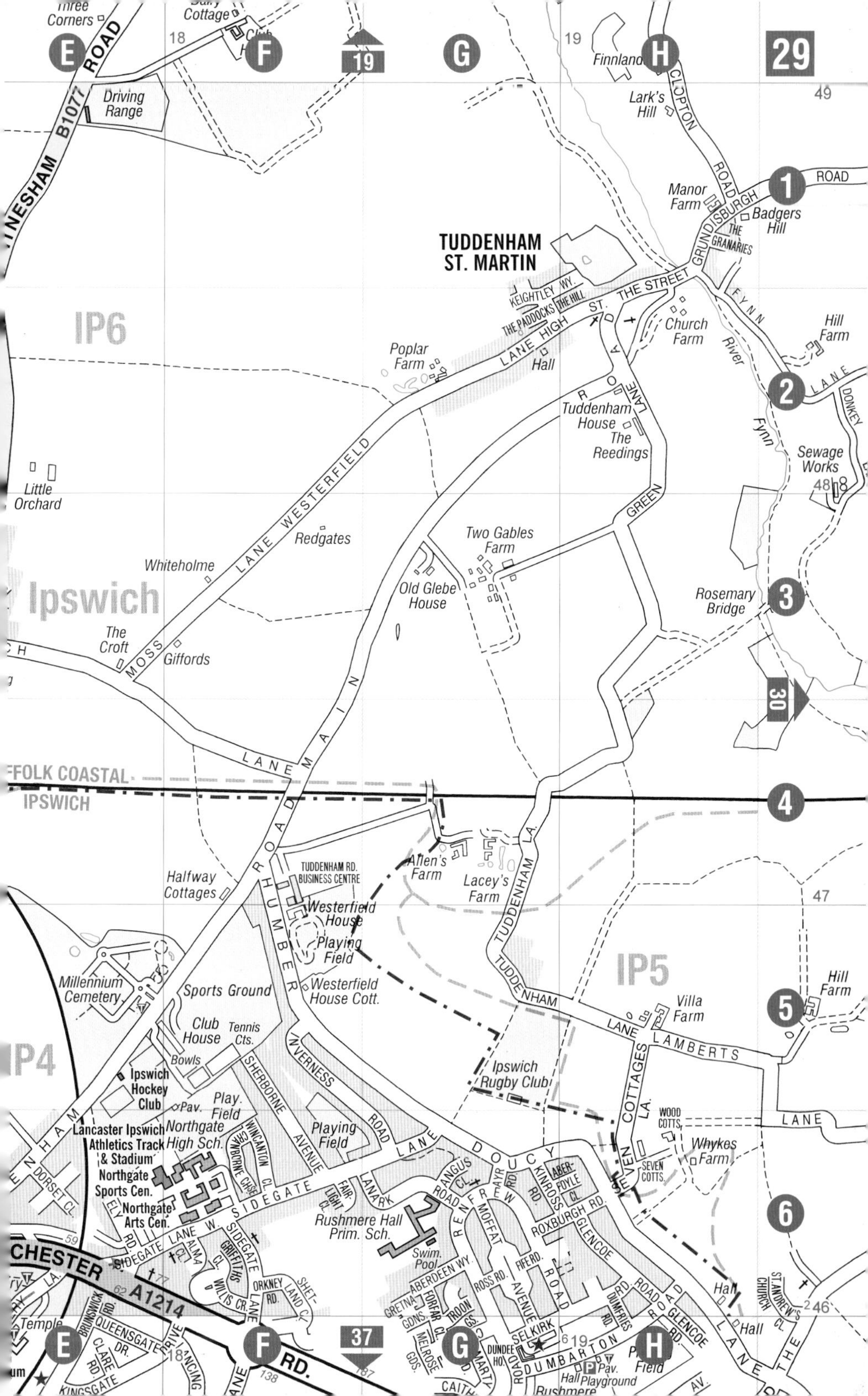

TUDDENHAM
ST. MARTIN
Ipswich
IP6
IP5
IP4
Driving Range
Three Corners
Dairy Cottage
Finnland
Lark's Hill
Manor Farm
Badgers Hill
THE GRANARIES
CLOPTON ROAD
GRUNDISBURGH ROAD
FYNN LANE
Hill Farm
Church Farm
River Fynn
KEIGHTLEY WY.
THE HILL
THE PADDOCKS
HIGH ST.
THE STREET
Hall
Poplar Farm
Tuddenham House
The Reedings
Sewage Works
DONKEY LANE
Little Orchard
WESTERFIELD LANE
Redgates
Whiteholme
Two Gables Farm
Old Glebe House
Rosemary Bridge
The Croft
Giffords
MOSS LANE
MAIN ROAD
GREEN LANE
SUFFOLK COASTAL
IPSWICH
TUDDENHAM RD. BUSINESS CENTRE
Allen's Farm
Lacey's Farm
Halfway Cottages
Westerfield House
Playing Field
Westerfield House Cott.
HUMBER
TUDDENHAM LA.
TUDDENHAM LANE
Millennium Cemetery
Sports Ground
Club House
Tennis Cts.
Bowls
Ipswich Hockey Club
Pav.
Play. Field
Northgate High Sch.
Lancaster Ipswich Athletics Track & Stadium
Northgate Sports Cen.
Northgate Arts Cen.
Villa Farm
Hill Farm
LAMBERTS LANE
Ipswich Rugby Club
COTTAGES LA.
WOOD COTTS.
Whykes Farm
SEVEN COTTS.
SHERBORNE AVENUE
INVERNESS ROAD
Playing Field
DOUCY LANE
SIDEGATE LANE
SIDEGATE LANE W.
WINCANTON CL.
CRANBORNE CHSE.
FAIR-LIGHT CL.
LANARK
ANGUS CL.
AYR RD.
KINROSS RD.
ABER-FOYLE CL.
RENFREW ROAD
Rushmere Hall Prim. Sch.
Swim. Pool
MOFFAT AVENUE
ROXBURGH RD.
GLENCOE ROAD
FIFE RD.
ROSS RD.
ABERDEEN WY.
GRETNA GDNS.
FORFAR CL.
TROON GS.
MELROSE GDS.
DUNDEE HO.
SELKIRK
DUMBARTON ROAD
DUMFRIES RD.
GLENCOE RD.
Pav.
Playground
Play. Field
Hall
Rushmere
ST. ANDREW'S CHURCH CL.
ELY RD.
DORSET CL.
ALMA CL.
GRIFFITHS CL.
WILLIS CR.
ORKNEY RD.
SHETLAND CL.
SIDEGATE LANE
CHESTER A1214
BRUNSWICK RD.
QUEENSGATE DR.
CLARE RD.
KINGSGATE
Temple
LANE
RD.
B1077
WITNESHAM ROAD
19
37
30

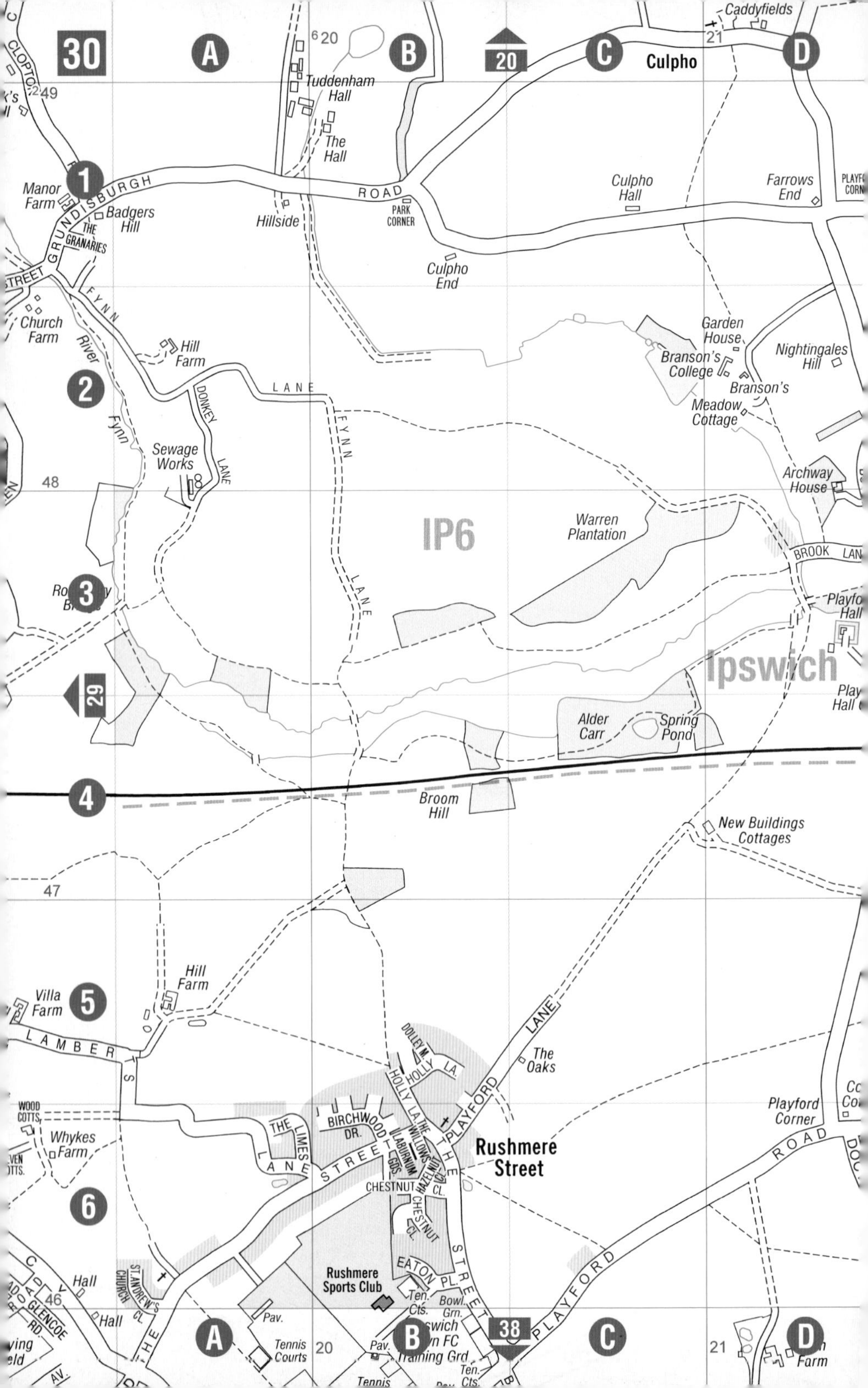
Caddyfields
Culpho
Tuddenham Hall
The Hall
Manor Farm
Badgers Hill
THE GRANARIES
GRUNDISBURGH ROAD
Hillside
PARK CORNER
Culpho End
Culpho Hall
Farrows End
Church Farm
FYNN LANE
River Fynn
Hill Farm
DONKEY LANE
Sewage Works
Garden House
Branson's College
Branson's
Meadow Cottage
Nightingales Hill
Archway House
IP6
Warren Plantation
BROOK LANE
Ipswich
Alder Carr
Spring Pond
Broom Hill
New Buildings Cottages
Hill Farm
Villa Farm
LAMBER
WOOD COTTS.
Whykes Farm
DOLLEY M.
HOLLY LA.
THE OAKS
PLAYFORD LANE
THE LIMES
BIRCHWOOD DR.
LAUBURNUM
THE WILLOWS
HAZELNUT CL.
CHESTNUT CL.
LANE STREET
Rushmere Street
Playford Corner
PLAYFORD ROAD
EATON PL.
THE STREET
Rushmere Sports Club
Ten. Cts.
Bowl. Grn.
Pav.
Tennis Courts
Training Grd
GLENCOE RD.
Hall
ST. ANDREW'S CHURCH CL.
AV.

20
29
38

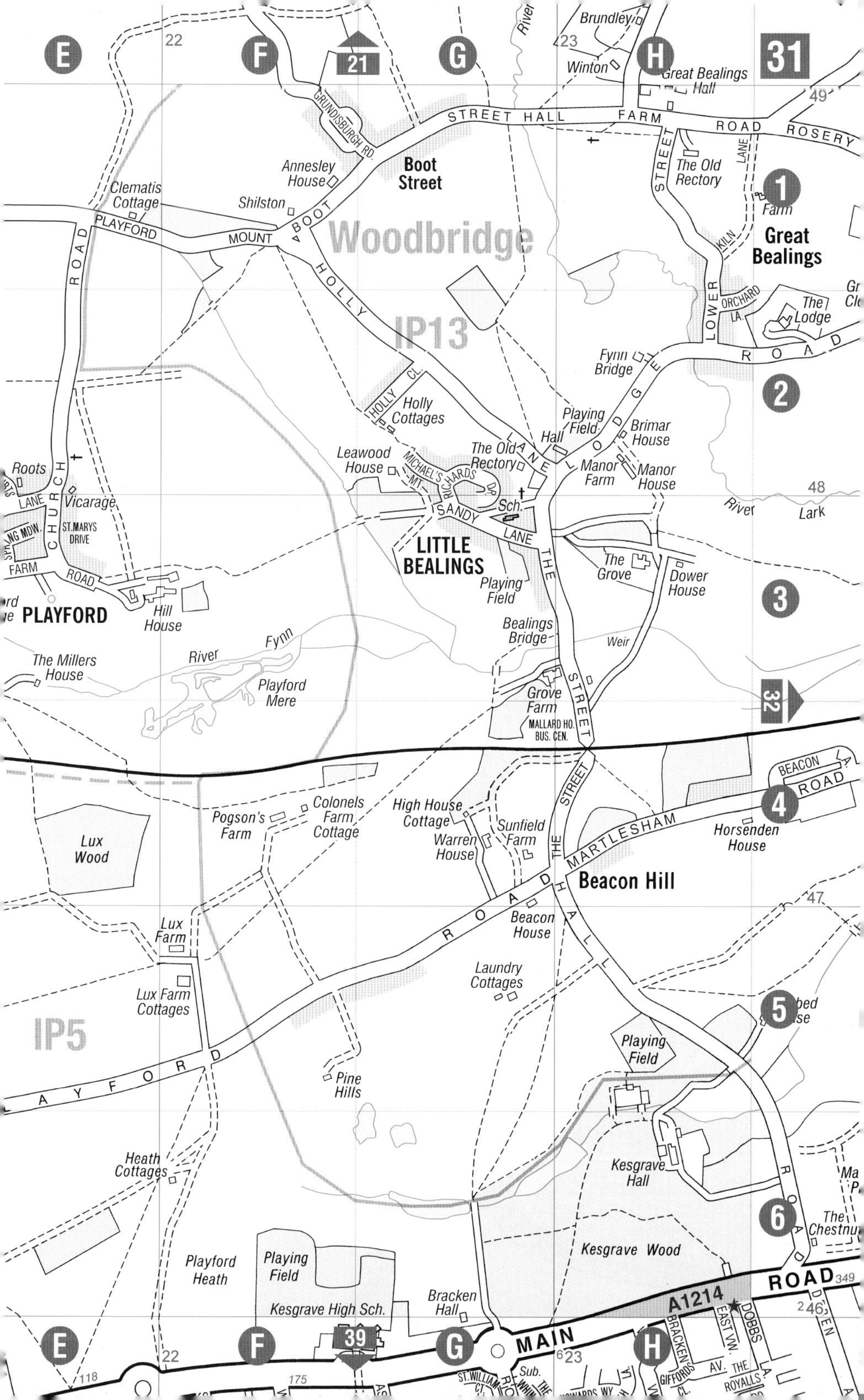

Woodbridge
IP13
IP5
Boot Street
Great Bealings
LITTLE BEALINGS
PLAYFORD
Beacon Hill
Brundley
Winton
Great Bealings Hall
STREET HALL FARM ROAD
ROSERY
The Old Rectory
KILN LANE
LOWER ROAD
ORCHARD LA.
The Lodge
Farm
Annesley House
Shilston
Clematis Cottage
PLAYFORD MOUNT
BOOT
HOLLY LANE
GRUNDISBURGH RD.
CHURCH ROAD
HOLLY CL.
Holly Cottages
Fynn Bridge
LODGE
Playing Field
Hall
Brimar House
Manor Farm
Manor House
The Old Rectory
Leawood House
MICHAEL'S MT.
RICHARDS DR.
Sch.
SANDY LANE
THE STREET
The Grove
Dower House
Roots
LANE
Vicarage
SPRING MDW.
ST.MARYS DRIVE
FARM ROAD
Hill House
Playing Field
Bealings Bridge
Weir
River Fynn
River Lark
The Millers House
Playford Mere
Grove Farm
MALLARD HO. BUS. CEN.
BEACON LA.
BEACON ROAD
MARTLESHAM ROAD
Horsenden House
Lux Wood
Pogson's Farm
Colonels Farm Cottage
High House Cottage
Sunfield Farm
Warren House
Beacon House
HALL ROAD
Lux Farm
Lux Farm Cottages
Laundry Cottages
PLAYFORD ROAD
Playing Field
Pine Hills
Kesgrave Hall
Heath Cottages
Kesgrave Wood
The Chestnuts
Playford Heath
Playing Field
Kesgrave High Sch.
Bracken Hall
A1214
ROAD
MAIN
DOBBS LA.
EAST VW.
BRACKEN
GIFFORDS CL.
AV.
THE ROYALLS
ST.WILLIAM CT.
Sub.
E F G H
1 2 3 4 5 6
21 32 39
22 23 47 48 49

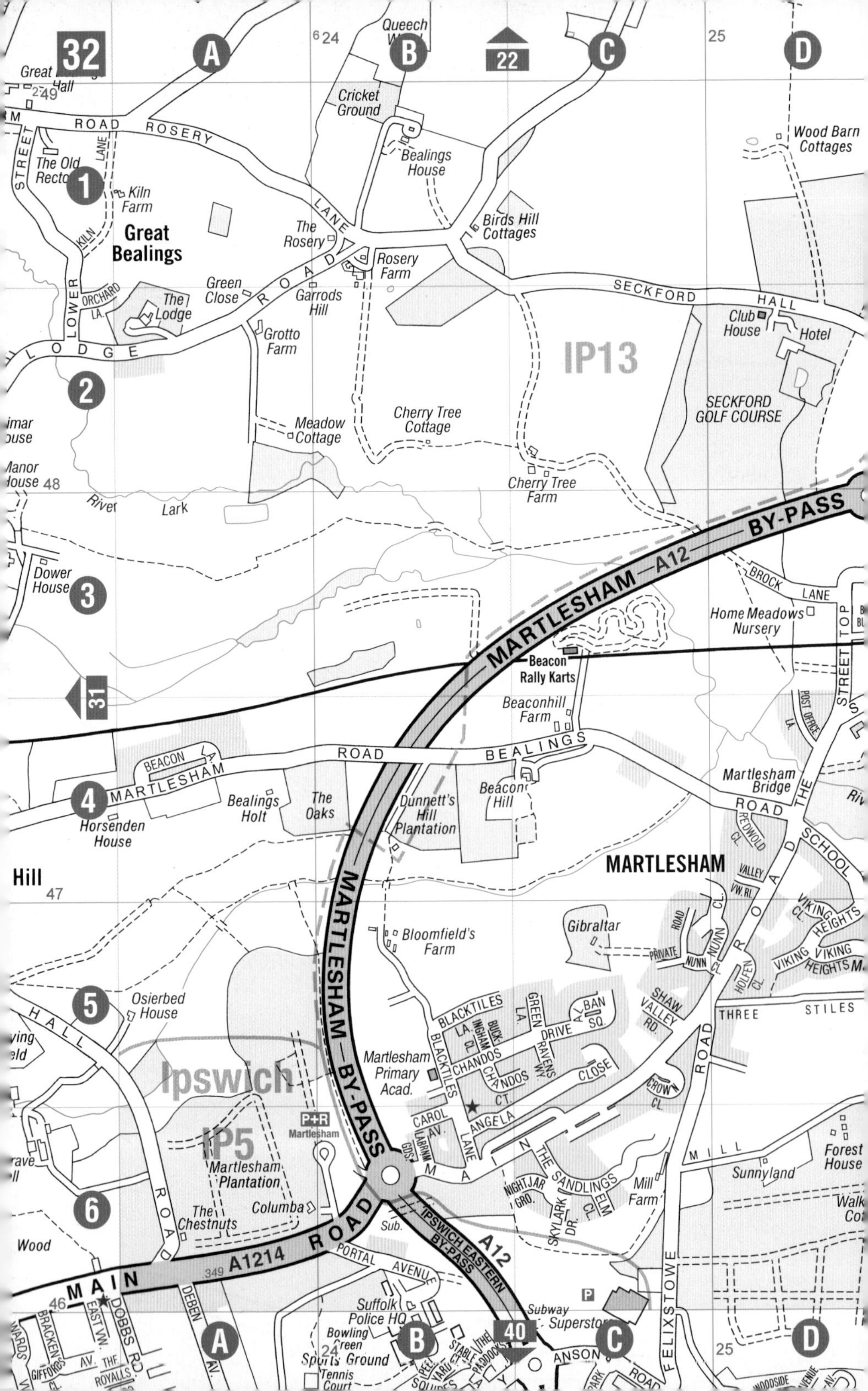

22
31
40
Great Bealings
MARTLESHAM
Ipswich
IP13
IP5
MARTLESHAM BY-PASS A12
IPSWICH EASTERN BY-PASS A12
MAIN ROAD A1214
SECKFORD HALL
SECKFORD GOLF COURSE
Club House
Hotel
Wood Barn Cottages
Queech Wood
Cricket Ground
Bealings House
Birds Hill Cottages
The Old Rectory
Kiln Farm
The Rosery
Rosery Farm
Green Close
Garrods Hill
The Lodge
Grotto Farm
Meadow Cottage
Cherry Tree Cottage
Cherry Tree Farm
River Lark
Dower House
Manor House
Beacon Rally Karts
Beaconhill Farm
Home Meadows Nursery
Martlesham Bridge
Beacon Hill
Dunnett's Hill Plantation
The Oaks
Bealings Holt
Horsenden House
Hill
Bloomfield's Farm
Gibraltar
Osierbed House
Martlesham Plantation
The Chestnuts
Columba
Martlesham Primary Acad.
Mill Farm
Sunnyland
Forest House
Suffolk Police HQ
Bowling Green
Sports Ground
Tennis Court
Subway
Superstore
P+R Martlesham
ROSERY LANE
ROSERY ROAD
LODGE ROAD
LOWER ROAD
ORCHARD LA.
KILN LANE
BEACON LA.
MARTLESHAM ROAD
BEALINGS ROAD
BROCK LANE
THE STREET
TOP STREET
POST OFFICE LA.
SCHOOL ROAD
THREE STILES
MILL ROAD
FELIXSTOWE ROAD
HALL ROAD
PORTAL AVENUE
DEBEN AV.
DOBBS RD.
BLACKTILES LA.
INGHAM CL.
BUCK LA.
GREEN LA.
ALBAN SQ.
CHANDOS DRIVE
CHANDOS CT.
RAVENS WY.
CLOSE
CAROL AV.
LABRUM GDS.
ANGELA LANE
THE SANDLINGS
NIGHTJAR GRO.
SKYLARK DR.
ELM CL.
CROWN CL.
SHAW VALLEY RD.
NUNN CL.
PRIVATE ROAD
HOLFEN CL.
VIKING HEIGHTS
VIKING CL.
REDWOLD CL.
VALLEY
VW. RI.
ANSON ROAD
WOODSIDE
BRACKEN AV.
GIFFORDS CL.
EAST VW.
THE ROYALLS
Sub.

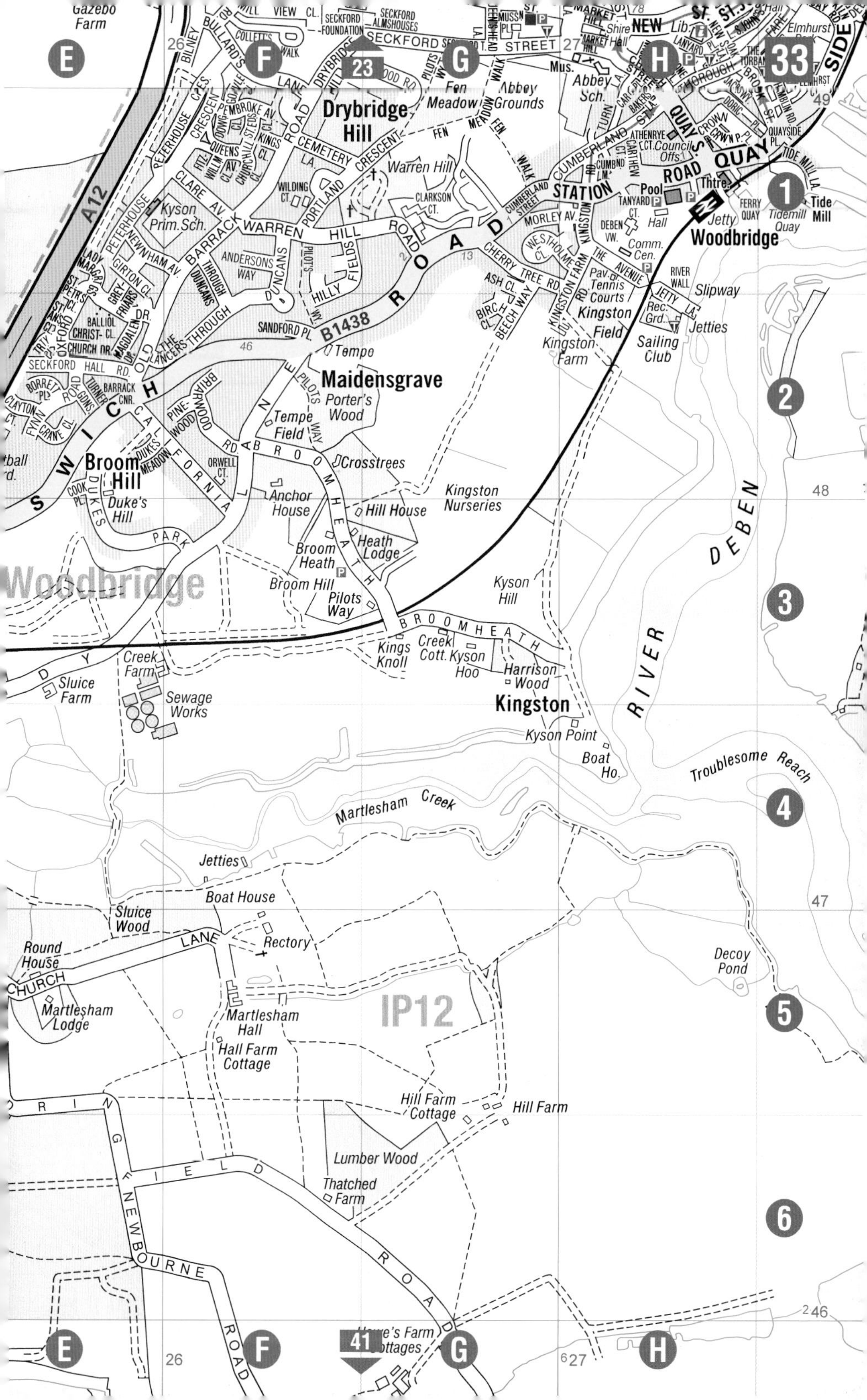
Woodbridge
Drybridge Hill
Maidensgrave
Broom Hill
Kingston
River Deben
Martlesham Creek
Troublesome Reach
IP12
Woodbridge Station
Kyson Prim. Sch.
Abbey Sch.
Abbey Grounds
Fen Meadow
Warren Hill
Porter's Wood
Tempe Field
Crosstrees
Anchor House
Hill House
Heath Lodge
Broom Heath
Kingston Nurseries
Kyson Hill
Kings Knoll
Creek Cott.
Kyson Hoo
Harrison Wood
Kyson Point
Boat Ho.
Creek Farm
Sluice Farm
Sewage Works
Jetties
Boat House
Sluice Wood
Round House
Rectory
Martlesham Lodge
Martlesham Hall
Hall Farm Cottage
Hill Farm Cottage
Hill Farm
Lumber Wood
Thatched Farm
Decoy Pond
Tide Mill
Tidemill Quay
Sailing Club
Kingston Field
Kingston Farm
Tennis Courts
Slipway
Duke's Hill
Gazebo Farm
A12
B1438
IPSWICH ROAD
STATION ROAD
QUAY
RINGFIELD ROAD
NEWBOURNE ROAD
CHURCH LANE
BROOMHEATH
PARK
CALIFORNIA
WARREN HILL ROAD
CEMETERY LA.
SECKFORD STREET
CUMBERLAND ST.
THE AVENUE
CHERRY TREE RD
KINGSTON FARM RD.
MORLEY AV.
BEECH WAY
ASH CL.
BIRCH CL.

23

41

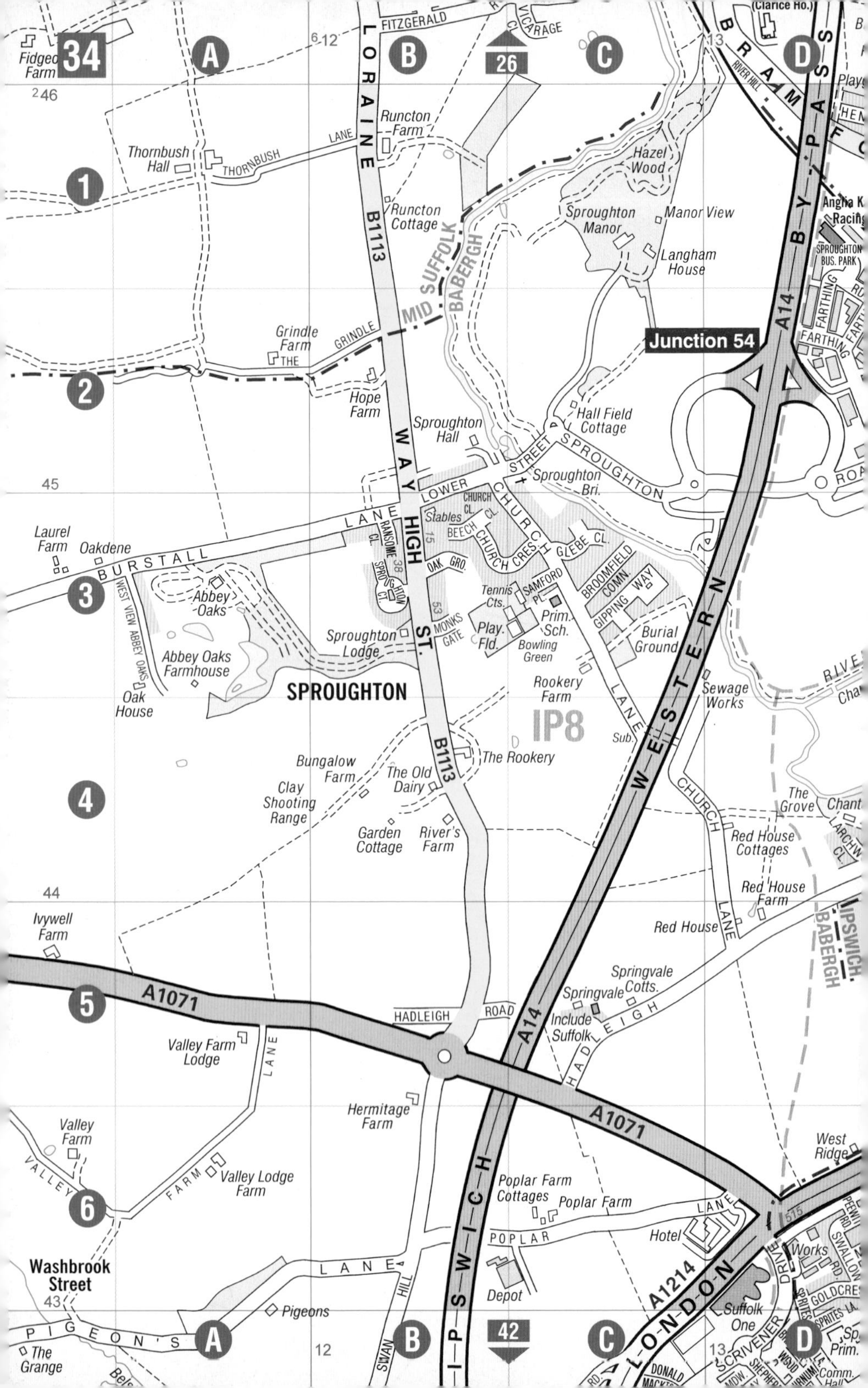
Fidgeon Farm
A
B
C
D
26
LORAINE
FITZGERALD
VICARAGE
BRAMFORD
RIVER HILL
BY-PASS
Runcton Farm
Thornbush Hall
THORNBUSH LANE
Hazel Wood
Runcton Cottage
B1113
MID SUFFOLK
BABERGH
Sproughton Manor
Manor View
Langham House
Anglia Racing
SPROUGHTON BUS. PARK
FARTHING
A14
Junction 54
Grindle Farm
THE GRINDLE
Hope Farm
WAY
Sproughton Hall
Hall Field Cottage
STREET
SPROUGHTON
Sproughton Bri.
LOWER
CHURCH CL.
CHURCH
Stables
BEECH CL.
CHURCH CRES.
GLEBE CL.
LANE
HIGH
RANSOME CL.
SPROUGHTON CT.
OAK GRO.
BROOMFIELD COMN.
GIPPING WAY
BURSTALL
Laurel Farm
Oakdene
Abbey Oaks
WEST VIEW
ABBEY OAKS
Tennis Cts.
SAMFORD PL.
Play. Fld.
Prim. Sch.
Bowling Green
Burial Ground
Sproughton Lodge
MONKS GATE
ST.
Abbey Oaks Farmhouse
Oak House
SPROUGHTON
Rookery Farm
IP8
Sewage Works
WESTERN
RIVER
Sub.
The Rookery
Bungalow Farm
The Old Dairy
Clay Shooting Range
Garden Cottage
River's Farm
CHURCH LANE
The Grove
Red House Cottages
Red House Farm
Red House
IPSWICH
BABERGH
Ivywell Farm
Springvale Cotts.
Springvale
Include Suffolk
A1071
HADLEIGH ROAD
HADLEIGH
Valley Farm Lodge
Hermitage Farm
West Ridge
Valley Farm
VALLEY
FARM LANE
Valley Lodge Farm
Poplar Farm Cottages
Poplar Farm
POPLAR LANE
Hotel
Works
Depot
A1214
LONDON
IPSWICH
Washbrook Street
LANE
HILL
Pigeons
PIGEON'S
SWAN
42
Suffolk One
SCRIVENER
The Grange
Prim.
Comm. Hall
GOLDCREST
SPRITES LA.
1
2
3
4
5
6
246
45
44
43
12
13
612
515

35
27
43
36
E
F
G
H
1
2
3
4
5
6
Westbourne
IPSWICH
Ipswich
CHANTRY
IP1
IP2
A1214
A1156
A137
B1067
B1075
NORWICH ROAD
BRAMFORD ROAD
BRAMFORD LANE
YARMOUTH RD.
LONDON ROAD
CRANE HILL
HANDFORD RD.
WEST END ROAD
RANELAGH
CHEVALLIER ST.
VALLEY ROAD
HADLEIGH ROAD
BOSS HALL ROAD
STONE LODGE LANE WEST
HAWTHORN DRIVE
CHANTRY DRIVE
KINGFISHER AV.
BIRKFIELD DRIVE
GIPPESWYK AV.
SIR ALF RAMSEY WY.
SHERRINGTON ROAD
WESTWOOD AVENUE
BROOM HILL RD.
ALL SAINTS' RD.
KITCHENER RD.
RICHMOND RD.
SPRINGFIELD LA.
QUENTIN ROAD
JOVIAN WAY
HIGH VIEW ROAD
BROCKLEY CR.
RIVERSIDE ROAD
CROMPTON RD.
HADLEIGH RD. INDUSTRIAL EST.
BROOKHOUSE BUSINESS PARK
BOSS HALL BUSINESS PARK
ELTON PARK BUSINESS CEN.
ELTON PARK IND. EST.
Namco Funscape
Superstore
Works
Handford Bri.
London Rd. Bri.
Suffolk Record Off.
Thtre.
SUFFOLK RETAIL PARK
ORWELL RETAIL PARK
Gala Bingo
Warehouse
DW Fitness
Teachers Cen.
Ipswich Town FC Portman Rd
Bus Depot
Constantine Ho.
Crown Ct.
Club
Factory
Alderman Rd. Rec. Grd.
Play Area
Sherrington Road Park
Broomhill Park
The Dales
Playground
Bowl. Grn.
Jun. Sch.
Inf. Sch.
Prim. Sch.
Beech Lawn
North Lodge
The Chantry (Sue Ryder Home)
Nursery Lodge
CHANTRY PARK
Tennis Courts
Avenue Lodge
Pav.
Horley Cott.
South Lodge
GIPPESWYK PARK
Gippeswyk Hall
Stone Lodge Acad.
Chantry Acad. Sports Cen.
Chantry Academy
St.Joseph's Coll. with the Sch.of Jesus & Mary
St. Joseph's College
Sports Grd.
Bowls
Comm. Cen.
Basketball Ct.
Lib.
Halifax Prim. Sch.
GIPPING
Weir

36
28
A
B
C
D
1
2
3
4
5
6
The Dales
Broomhill Park
Woodside
IP1
VALLEY
A1214
CONSTITUTION
GRAHAM
WESTWOOD AVENUE
FRAMLINGHAM CT.
ANGLESEA
A1156
NORWICH
YMCA
IVRY
Ipswich Sch.
Nursing Home
HENLEY
PARK ROAD
KINGSFIELD AV.
ELSMERE RD.
Res. (Covered)
Victoria Nurseries
B1077
MANOR RD.
GAINSBOROUGH RD.
WESTERFIELD
BOLTON LA.
TUDDENHAM
Cemeteries
Field of Honour
War Memorial
BORROWDALE
BELVEDERE
CHRISTCHURCH PARK
Tennis Courts
Playground
Bowl. Grns.
Arboretum
Pond
FONNEREAU
BRAMFORD RD.
Wolsey Gallery
CROWN ST.
Crown Pools
Bus Sta.
ST. MATTHEW'S ST.
CIVIC DR.
HANDFORD
A1071
RD.
LONDON ROAD
35
County Ct.
SAILMAKERS SHOP. CEN.
BUTTERMKT SHOP. CEN.
ST. HELEN'S ST.
WOODBRIDGE
A1
ST. HELEN'S S.
GRIMWADE ST.
Suffolk New Coll. (Univ. of Suffolk)
Alexandra Park
Goals
ROPE WLK.
GROVE
PRINCES ST.
FRANCISCAN WAY
GREYFRIARS
Ipswich Town FC (Portman Rd.)
Alderman Rd. Rec. Grd.
Play Area
WEST END RD.
RAMSEY
SIR ALF
Fitness First
Crown Ct.
STAR
COLLEGE ST.
KEY ST.
FORE ST.
IPSWI
Wks.
FORE HAMLET
GRAFTON W.
GRAFTON WY
CHANCERY RD.
COMMERCIAL ROAD
COMMERCIAL RD. RETAIL PARK
Stoke Bri.
Common Quay
Wherry Quay
Neptune Quay
Haven Marina
End Quay
Flint Wharf
Tovell's Wharf
NEW CUT EAST
New Cut
DUKE ST.
B1458
RANELAGH
BURRELL RD.
B1073
Playground
IPSWICH
Orwell Quay
Warehouses
South West Quay
VERNON ST.
Stoke Hill
BELSTEAD ROAD
Works
Eagle Mill
Warehouses
Depot
The Canal
CLIFF ROAD
Dock Head
Customs Off.
Griffin Wharf
Swing Bri.
Works
HAWES ST.
STONE LODGE LANE
IP2
Prim. Sch.
Stoke
Play. Fld.
Stoke High Sch. Ormiston Acad.
WHERSTEAD RD.
A137
RIVERSIDE INDUSTRIAL PARK
ORWELL
Jetty
RIVER
PEMBROKE CL.
MAIDENHALL
44
Custom Office
Oil Storage Depot
ORWELL BUSINESS CENTRE
Tennis Cts.
Maidenhall

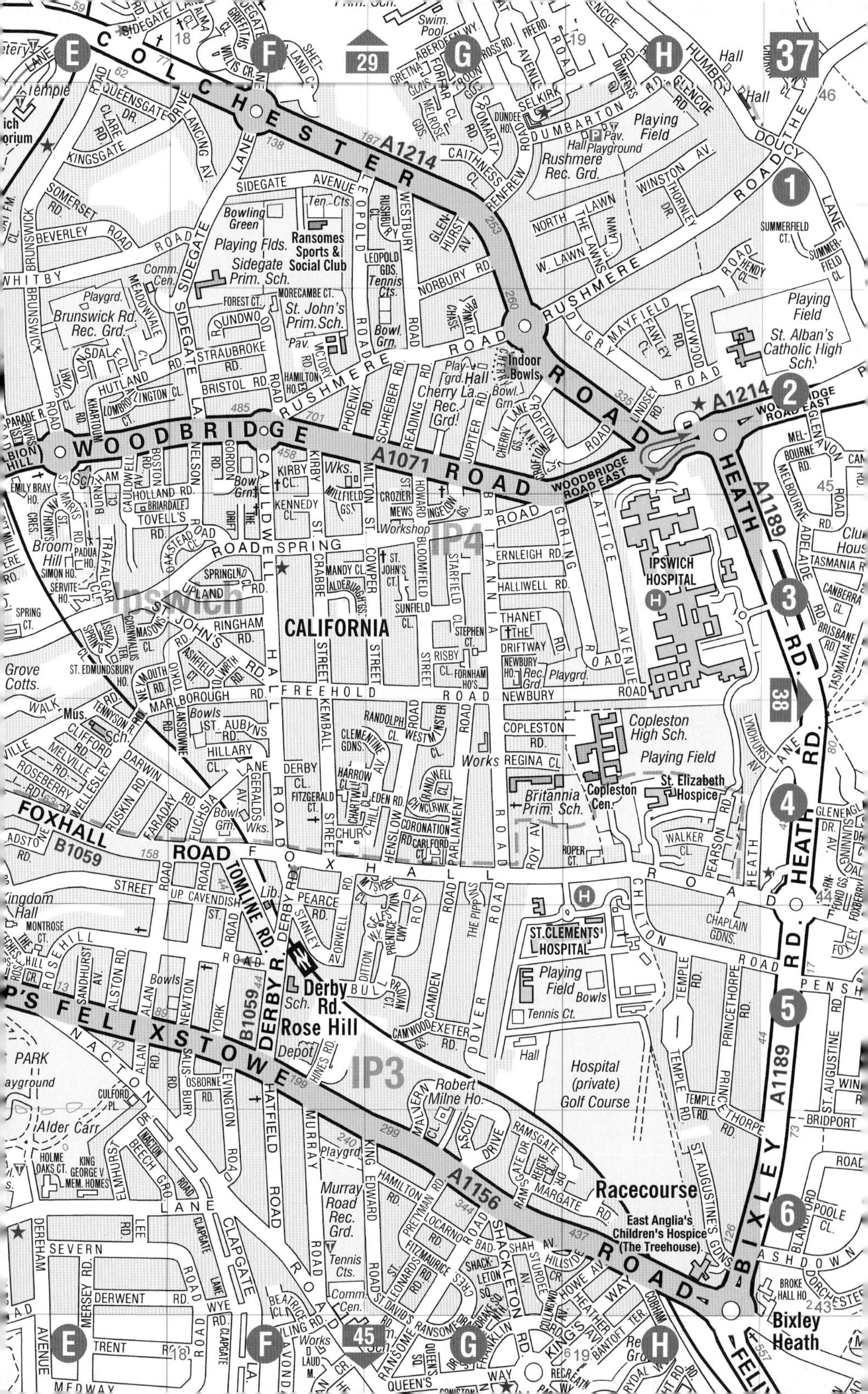

37
29
38
45
E
F
G
H
1
2
3
4
5
6
COLCHESTER
A1214
WOODBRIDGE
A1071 ROAD
WOODBRIDGE ROAD EAST
RUSHMERE ROAD
HEATH RD.
A1189
BIXLEY
FOXHALL ROAD
B1059
FELIXSTOWE ROAD
A1156
IP4
IP3
Ipswich
CALIFORNIA
IPSWICH HOSPITAL
ST.CLEMENTS HOSPITAL
Copleston High Sch.
St. Elizabeth Hospice
Copleston Cen.
Britannia Prim. Sch.
St. Alban's Catholic High Sch.
Rushmere Rec. Grd.
Playing Field
Sidegate Prim. Sch.
Ransomes Sports & Social Club
St. John's Prim.Sch.
Brunswick Rd. Rec. Grd.
Cherry La. Rec. Grd.
Indoor Bowls
Hospital (private) Golf Course
Racecourse
East Anglia's Children's Hospice (The Treehouse)
Murray Road Rec. Grd.
Derby Rd.
Rose Hill
Alder Carr
Bixley Heath
Grove Cotts.
Broom Hill
Kingdom Hall
Robert Milne Ho.

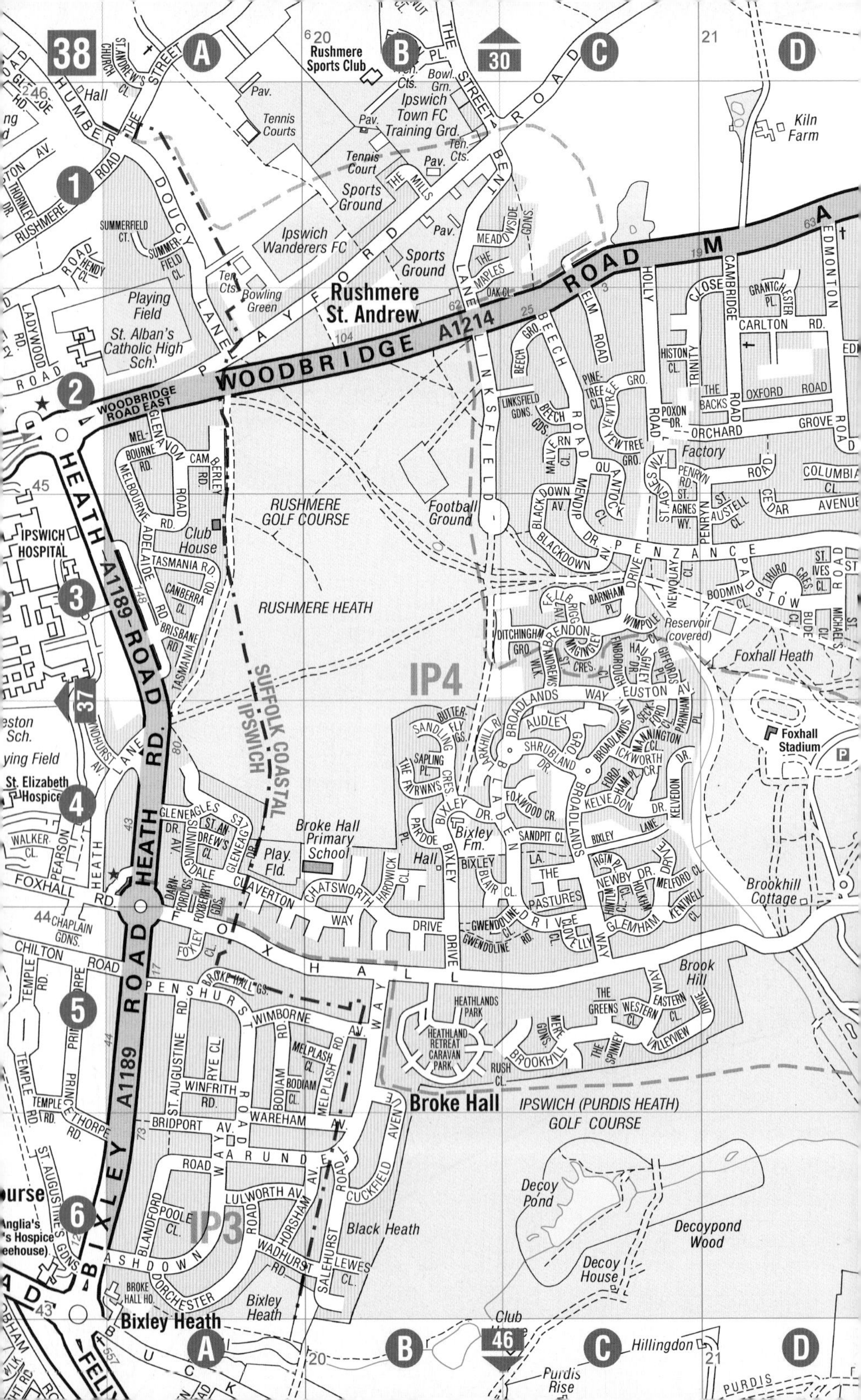
Rushmere Sports Club
Ipswich Town FC Training Grd.
Ipswich Wanderers FC
Sports Ground
Rushmere St. Andrew
WOODBRIDGE ROAD A1214
St. Alban's Catholic High Sch.
Playing Field
RUSHMERE GOLF COURSE
RUSHMERE HEATH
Club House
Football Ground
IPSWICH HOSPITAL
HEATH ROAD A1189
SUFFOLK COASTAL
IPSWICH
IP4
IP3
Broke Hall Primary School
Play. Fld.
Bixley Fm.
Hall
Reservoir (covered)
Foxhall Heath
Foxhall Stadium
Factory
Kiln Farm
FOXHALL RD.
Brook Hill
Brookhill Cottage
HEATHLAND RETREAT CARAVAN PARK
Broke Hall
IPSWICH (PURDIS HEATH) GOLF COURSE
Decoy Pond
Decoypond Wood
Decoy House
Black Heath
Bixley Heath
BIXLEY ROAD A1189
St. Elizabeth Hospice
Hillingdon
Purdis Rise
Club House

30
37
46

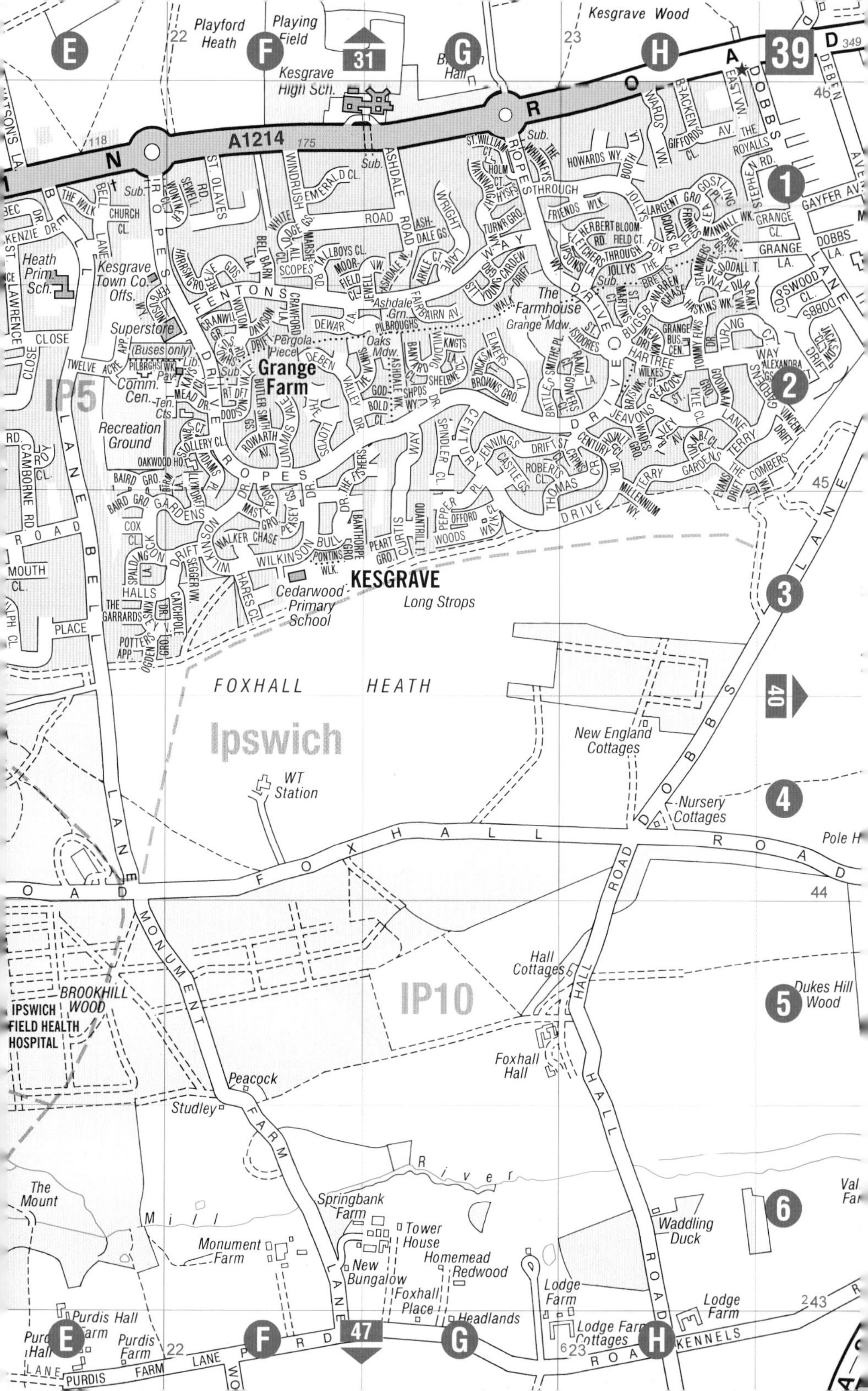

39
31
40
47
Playford Heath
Playing Field
Kesgrave Wood
Kesgrave High Sch.
A1214
Heath Prim. Sch.
Kesgrave Town Co. Offs.
Superstore
Comm. Cen.
Recreation Ground
Grange Farm
The Farmhouse
Grange Mdw.
Pergola Piece
Oaks Mdw.
Ashdale Grn.
KESGRAVE
Cedarwood Primary School
Long Strops
FOXHALL HEATH
Ipswich
IP5
IP10
WT Station
New England Cottages
Nursery Cottages
FOXHALL ROAD
BELL LANE
DOBBS LANE
ROPES DRIVE
MONUMENT FARM LANE
HALL ROAD
BROOKHILL WOOD
IPSWICH FIELD HEALTH HOSPITAL
Hall Cottages
Foxhall Hall
Peacock
Studley
River
Mill
The Mount
Springbank Farm
Tower House
Monument Farm
New Bungalow
Homemead
Redwood
Foxhall Place
Headlands
Lodge Farm
Lodge Farm Cottages
Waddling Duck
Dukes Hill Wood
Purdis Hall Farm
Purdis Farm
PURDIS FARM LANE
KENNELS ROAD
Pole H
Val Fa

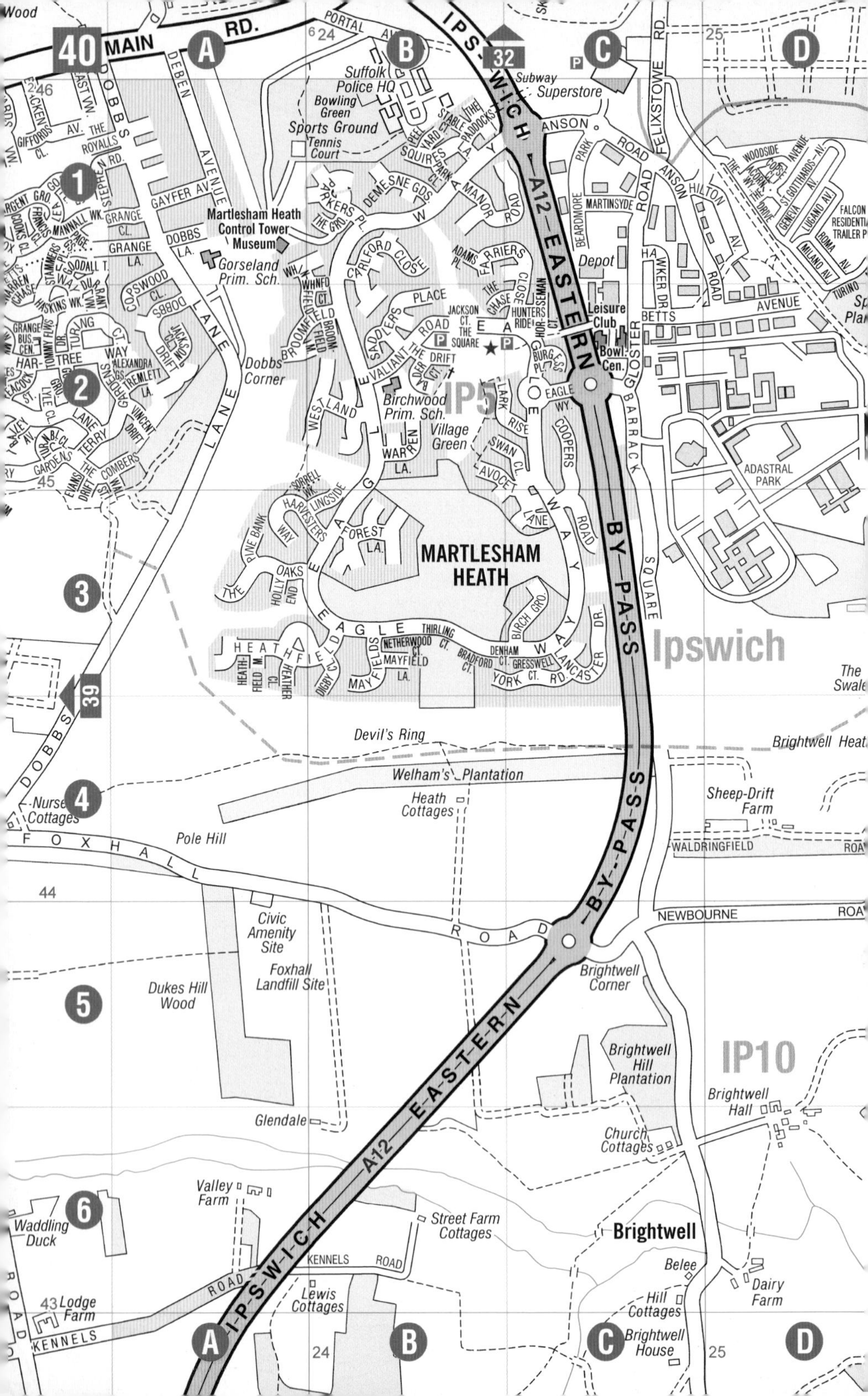
MAIN RD.
PORTAL AV.
IPSWICH
32
Suffolk Police HQ
Bowling Green
Sports Ground
Tennis Court
Subway
Superstore
ANSON ROAD
FELIXSTOWE RD.
Martlesham Heath Control Tower Museum
Gorseland Prim. Sch.
Dobbs Corner
DOBBS LANE
DEBEN AVENUE
GAYFER AV.
GRANGE CL.
GRANGE LA.
A12 EASTERN BY-PASS
MARTINSYDE
BEARDMORE
Depot
Leisure Club
Bowl. Cen.
BETTS AVENUE
GLOSTER
BARRACK SQUARE
ADASTRAL PARK
Birchwood Prim. Sch.
Village Green
IP5
THE SQUARE
EAGLE WAY
MARTLESHAM HEATH
Ipswich
The Swale
Devil's Ring
Welham's Plantation
Brightwell Heath
Heath Cottages
Sheep-Drift Farm
WALDRINGFIELD ROAD
Nurse Cottages
Pole Hill
FOXHALL ROAD
NEWBOURNE ROAD
Civic Amenity Site
Foxhall Landfill Site
Brightwell Corner
Dukes Hill Wood
Brightwell Hill Plantation
IP10
Brightwell Hall
Glendale
Church Cottages
Valley Farm
Waddling Duck
Street Farm Cottages
Brightwell
KENNELS ROAD
Belee
Dairy Farm
Lodge Farm
Lewis Cottages
Hill Cottages
Brightwell House
39

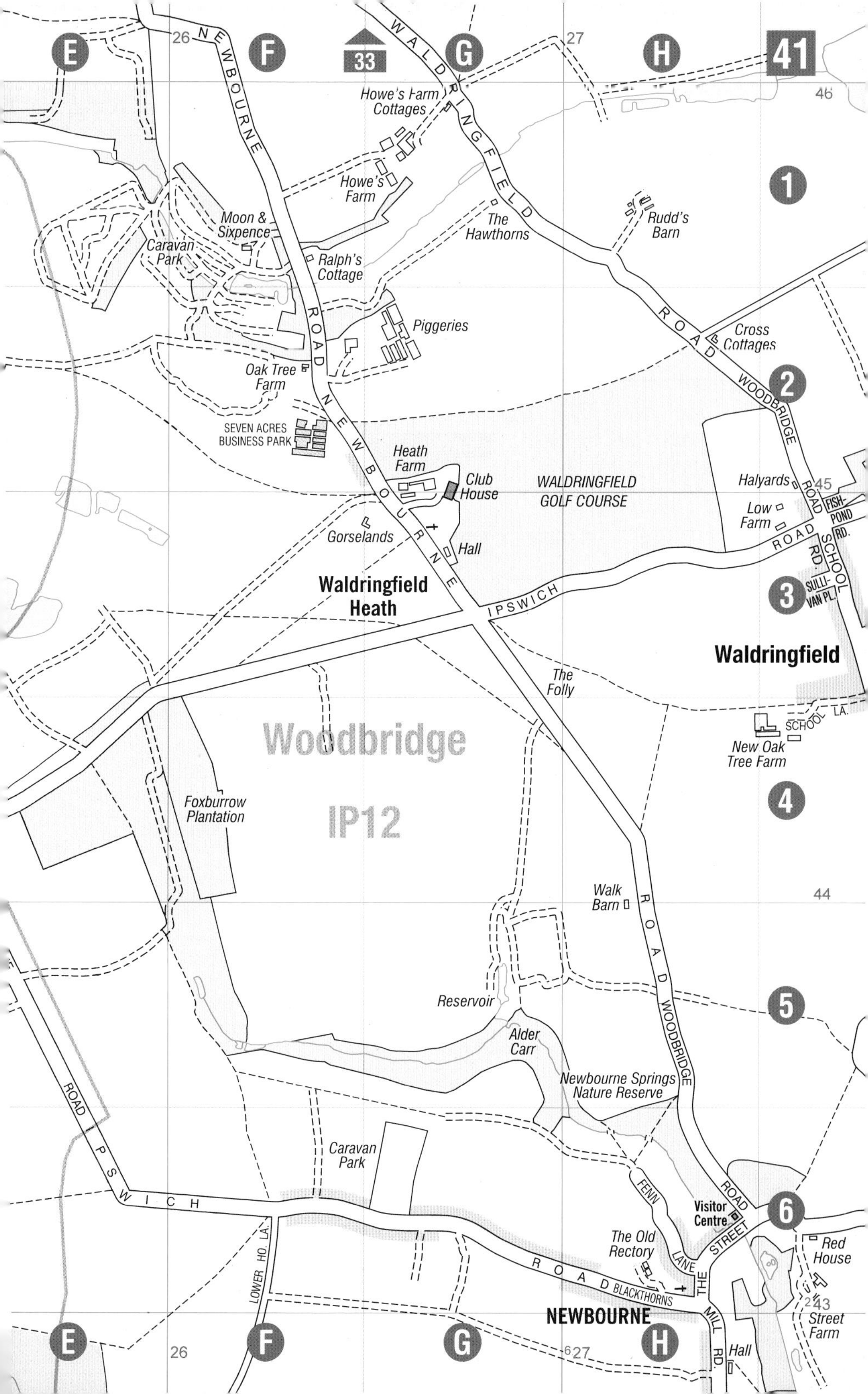
41
33
E
F
G
H
26
27
46
45
44
43
1
2
3
4
5
6
NEWBOURNE ROAD
WALDRINGFIELD ROAD
WOODBRIDGE ROAD
IPSWICH ROAD
Howe's Farm Cottages
Howe's Farm
Moon & Sixpence
Caravan Park
Ralph's Cottage
The Hawthorns
Rudd's Barn
Piggeries
Cross Cottages
Oak Tree Farm
SEVEN ACRES BUSINESS PARK
Heath Farm
Club House
WALDRINGFIELD GOLF COURSE
Halyards
Low Farm
FISH-POND RD.
SCHOOL RD.
SULLI-VAN PL.
Gorselands
Hall
Waldringfield Heath
Waldringfield
The Folly
SCHOOL LA.
New Oak Tree Farm
Woodbridge
IP12
Foxburrow Plantation
Walk Barn
Reservoir
Alder Carr
Newbourne Springs Nature Reserve
Caravan Park
FENN LANE
Visitor Centre
THE STREET
The Old Rectory
Red House
BLACKTHORNS
LOWER HO. LA.
NEWBOURNE
MILL RD.
Street Farm
Hall

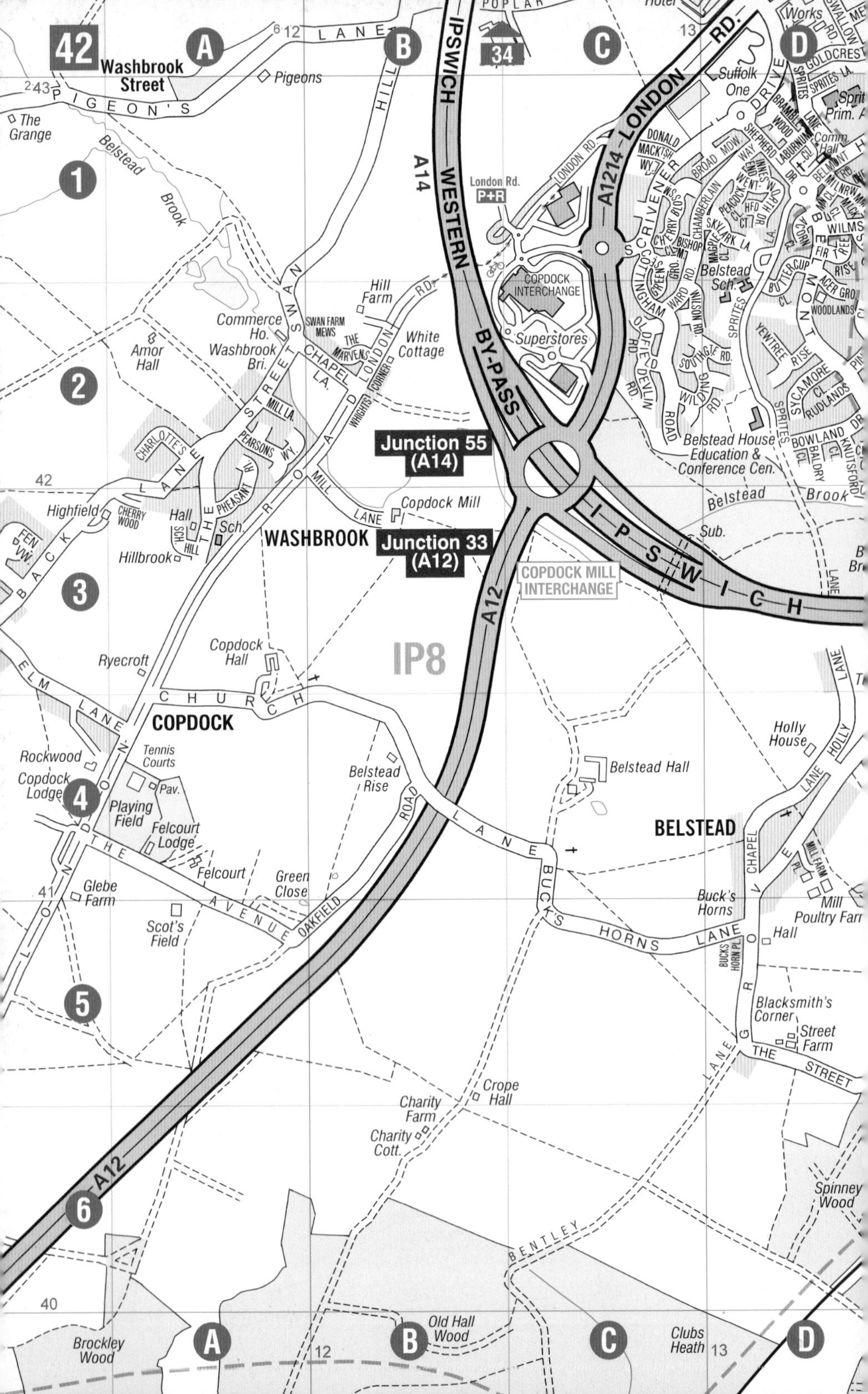
Washbrook Street
Pigeons
Pigeon's Lane
The Grange
Belstead Brook
Ipswich Western By-Pass
A14
London Rd. P+R
Copdock Interchange
Superstores
Suffolk One
A1214 London Rd.
Hill Farm
White Cottage
Commerce Ho.
Washbrook Bri.
Amor Hall
Swan Street
Chapel La.
London Road
Junction 55 (A14)
Junction 33 (A12)
Copdock Mill
Mill Lane
Washbrook
Highfield
Back Lane
Hillbrook
Copdock Mill Interchange
IP8
A12
Belstead Sch.
Belstead House Education & Conference Cen.
Belstead Brook
Copdock Hall
Ryecroft
Church Lane
Elm Lane
Copdock
Rockwood
Copdock Lodge
Tennis Courts
Playing Field
Felcourt Lodge
Felcourt
Belstead Rise
Belstead Hall
Holly House
Holly Lane
Belstead
Glebe Farm
The Avenue
Scot's Field
Green Close
Oakfield Road
Buck's Horns Lane
Buck's Horns
Mill Poultry Farm
Hall
Blacksmith's Corner
Street Farm
The Street
Grove Lane
Crope Hall
Charity Farm
Charity Cott.
Spinney Wood
Bentley Lane
Old Hall Wood
Brockley Wood
Clubs Heath

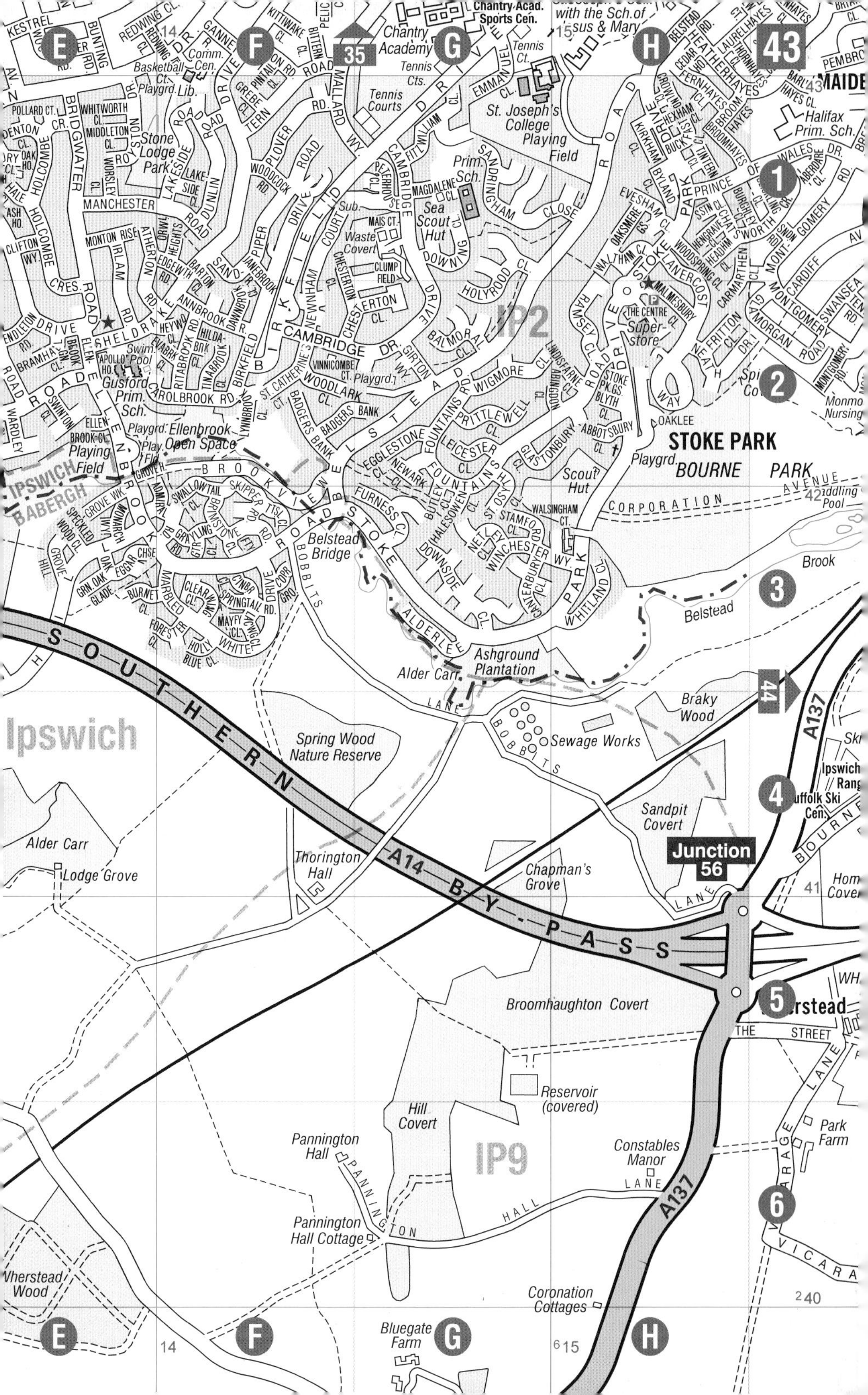

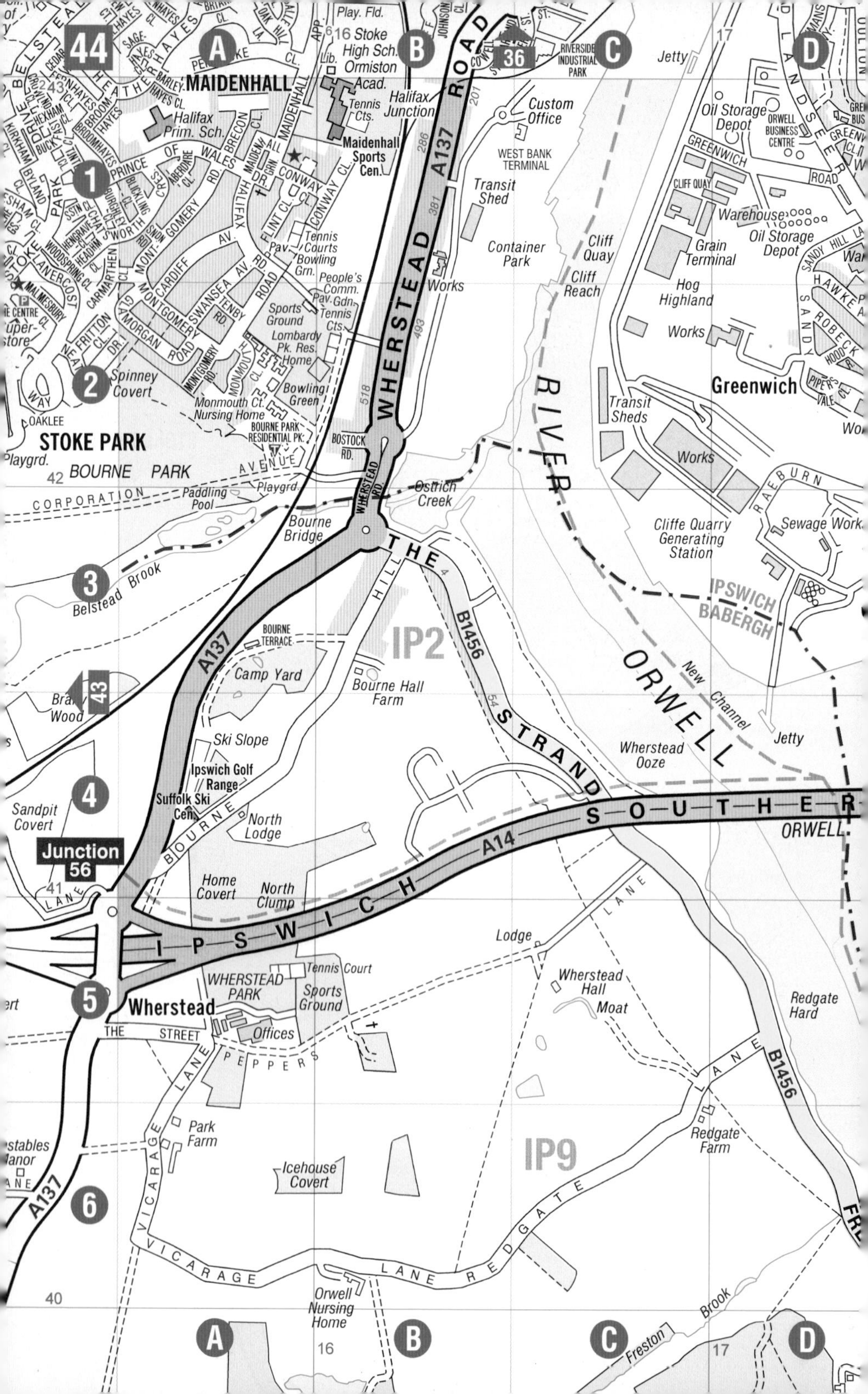

MAIDENHALL
Halifax Prim. Sch.
Stoke High Sch. Ormiston Acad.
Maidenhall Sports Cen.
Halifax Junction
RIVERSIDE INDUSTRIAL PARK
36
Jetty
Custom Office
WEST BANK TERMINAL
Transit Shed
Container Park
Cliff Quay
Cliff Reach
Oil Storage Depot
ORWELL BUSINESS CENTRE
GREENWICH ROAD
CLIFF QUAY
Warehouse
Grain Terminal
Hog Highland
Works
Greenwich
Transit Sheds
PRINCE OF WALES
MONTGOMERY
CARDIFF AV.
SWANSEA AV.
GLAMORGAN ROAD
HALIFAX ROAD
CONWAY CL.
Tennis Courts Bowling Grn.
People's Comm. Pav. Gdn.
Sports Ground
Lombardy Pk. Res. Home
Bowling Green
Monmouth Ct. Nursing Home
BOURNE PARK RESIDENTIAL PK.
Spinney Covert
STOKE PARK
OAKLEE
Playgrd.
BOURNE PARK
AVENUE
CORPORATION
Paddling Pool
Bourne Bridge
Ostrich Creek
BOSTOCK RD.
WHERSTEAD ROAD
A137
RIVER ORWELL
Cliffe Quarry Generating Station
Sewage Works
IPSWICH
BABERGH
Belstead Brook
BOURNE TERRACE
Camp Yard
THE HILL
IP2
B1456
Bourne Hall Farm
43
Bray Wood
THE STRAND
New Channel
Jetty
Wherstead Ooze
Ski Slope
Ipswich Golf Range
Suffolk Ski Cen.
Sandpit Covert
Junction 56
North Lodge
BOURNE LANE
Home Covert
North Clump
IPSWICH SOUTHERN
ORWELL
A14
LANE
Lodge
WHERSTEAD PARK
Tennis Court
Sports Ground
Wherstead
Wherstead Hall
Moat
Redgate Hard
THE STREET
Offices
PEPPERS LANE
VICARAGE LANE
Park Farm
Redgate Farm
IP9
Icehouse Covert
REDGATE LANE
Orwell Nursing Home
Freston Brook
A B C D
1 2 3 4 5 6
40 41 42
16 17

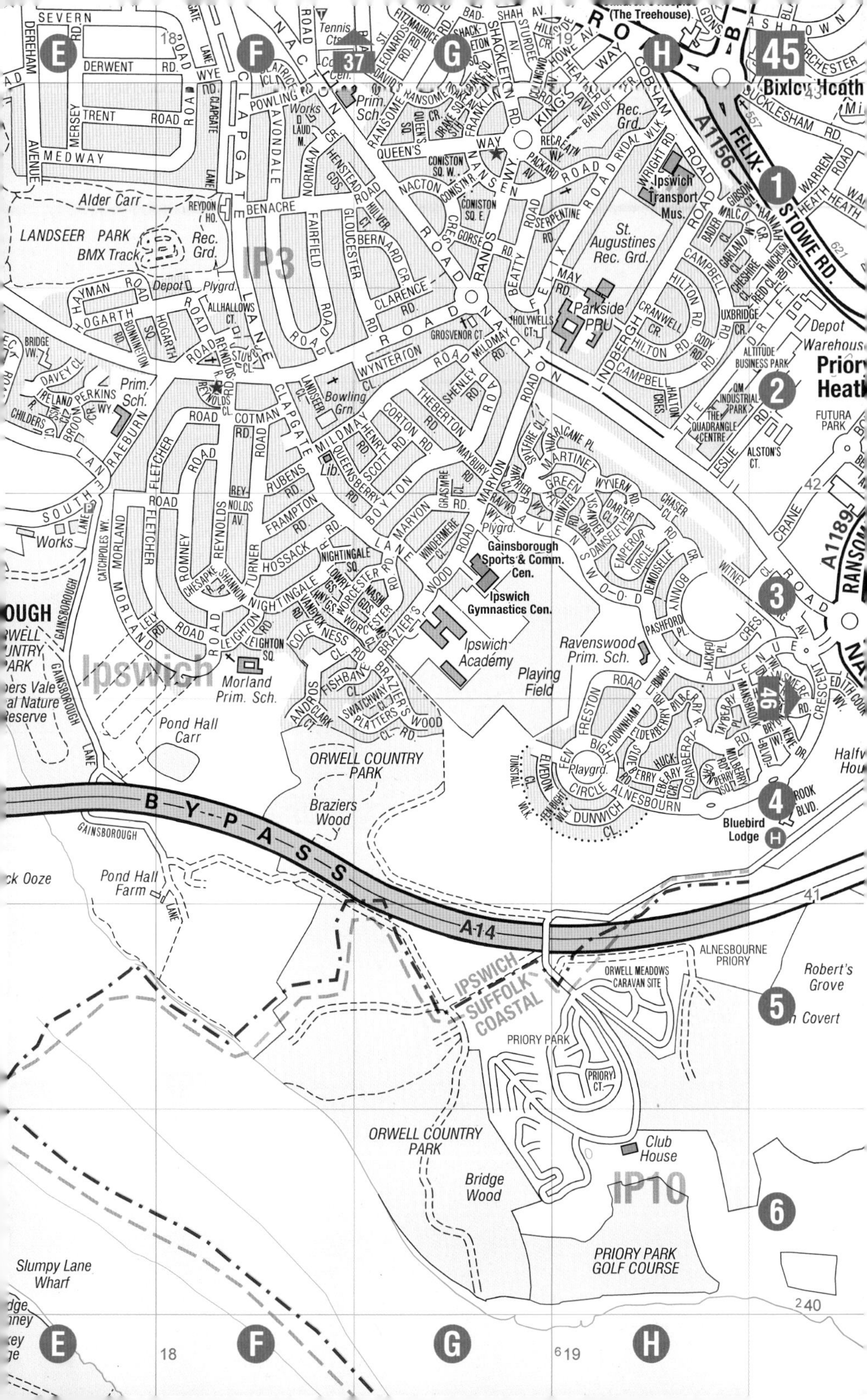
45
37
46
E
F
G
H
1
2
3
4
5
6
18
19
42
41
40
43
IP3
IP10
Ipswich
BYPASS
A14
A1156
A1189
FELIXSTOWE RD.
SEVERN ROAD
DEREHAM AVENUE
DERWENT RD.
WYE ROAD
TRENT ROAD
MERSEY
MEDWAY
CLAPGATE LANE
Alder Carr
LANDSEER PARK
BMX Track
Rec. Grd.
REYDON HO.
BENACRE
AVONDALE
FAIRFIELD
GLOUCESTER ROAD
HENSTEAD GDS.
NORMAN CR.
POWLING
Works
Prim. Sch.
Tennis Cts.
RANSOME
QUEEN'S WAY
NACTON ROAD
NANSEN
CONISTON SQ. W.
CONISTON SQ. E.
FRANKLIN RD.
SHACKLETON RD.
KINGS WAY
COBHAM ROAD
Rec. Grd.
RYDAL WLK.
WRIGHT RD.
Ipswich Transport Mus.
St. Augustines Rec. Grd.
SERPENTINE RD.
FELIX ROAD
MAY RD.
Parkside PRU
HOLYWELLS CT.
RANDS WY.
BEATTY ROAD
GORSE RD.
CLARENCE RD.
BERNARD CR.
HULVER CT.
HAYMAN ROAD
HOGARTH RD.
HOGARTH SQ.
Depot
Plygrd.
ALLHALLOWS CT.
REYNOLDS RD.
STUBBS CL.
BONNINGTON RD.
WYNTERTON CL.
GROSVENOR CT.
MILDMAY RD.
BRIDGE VW.
DAVEY CL.
IRELAND
PERKINS WY.
CHILDERS CL.
BROOM CR.
Prim. Sch.
RAEBURN
LANE
SOUTH
Works
COTMAN ROAD
LANDSEER CL.
Bowling Grn.
SHENLEY RD.
THEBERTON RD.
CORTON RD.
HENRY RD.
SCOTT RD.
QUEENSBERRY RD.
Lib.
BOYTON RD.
RUBENS RD.
FRAMPTON RD.
HOSSACK RD.
FLETCHER ROAD
ROMNEY
REYNOLDS AV.
CATCHPOLES WY.
MORLAND ROAD
LEIGHTON SQ.
NIGHTINGALE ROAD
NIGHTINGALE SQ.
WORCESTER RD.
Morland Prim. Sch.
Pond Hall Carr
MARYON RD.
WINDERMERE CL.
MAYBURY RD.
WOOD ROAD
Gainsborough Sports & Comm. Cen.
Ipswich Gymnastics Cen.
Ipswich Academy
Playing Field
BRAZIER'S WOOD RD.
COLE NESS RD
FISHBANE CL.
SWATCHWAY CL.
PLATTERS CL.
ANDROS CL.
ORWELL COUNTRY PARK
Braziers Wood
GAINSBOROUGH LANE
Pond Hall Farm
MARTINET
HURRICANE PL.
SPITFIRE CL.
GREENFLY
WYVERN RD.
DARTER CL.
EMPEROR CIRCLE
DAMSELFLY
RAVENSWOOD AVENUE
Ravenswood Prim. Sch.
DEMOISELLE
BONNY CRES.
CHASER CL.
PASHFORD PL.
FRESTON ROAD
FEN BIGHT CIRCLE
Playgrd.
ELVEDON CL.
TUNSTALL WLK.
DUNWICH CL.
ALNESBOURN
LOGANBERRY
MULBERRY
Bluebird Lodge
ROOK BLVD.
LINDBERGH ROAD
CAMPBELL RD.
HILTON RD.
CRANWELL CR.
UXBRIDGE CR.
THE DRIFT
ALTITUDE BUSINESS PARK
QM INDUSTRIAL PARK
THE QUADRANGLE CENTRE
LESLIE RD.
ALSTON'S CT.
Depot
Warehouse
Priory Heath
FUTURA PARK
CRANE
WITNEY
Bixley Heath
BUCKLESHAM RD.
WARREN HEATH ROAD
ASHDOWN
GIBSON CL.
HANNAH CR.
BADER CL.
GARLAND
CHESHIRE CL.
Halfway Hou
ALNESBOURNE PRIORY
ORWELL MEADOWS CARAVAN SITE
Robert's Grove
Covert
IPSWICH
SUFFOLK COASTAL
PRIORY PARK
PRIORY CT.
Club House
ORWELL COUNTRY PARK
Bridge Wood
PRIORY PARK GOLF COURSE
Slumpy Lane Wharf
ck Ooze

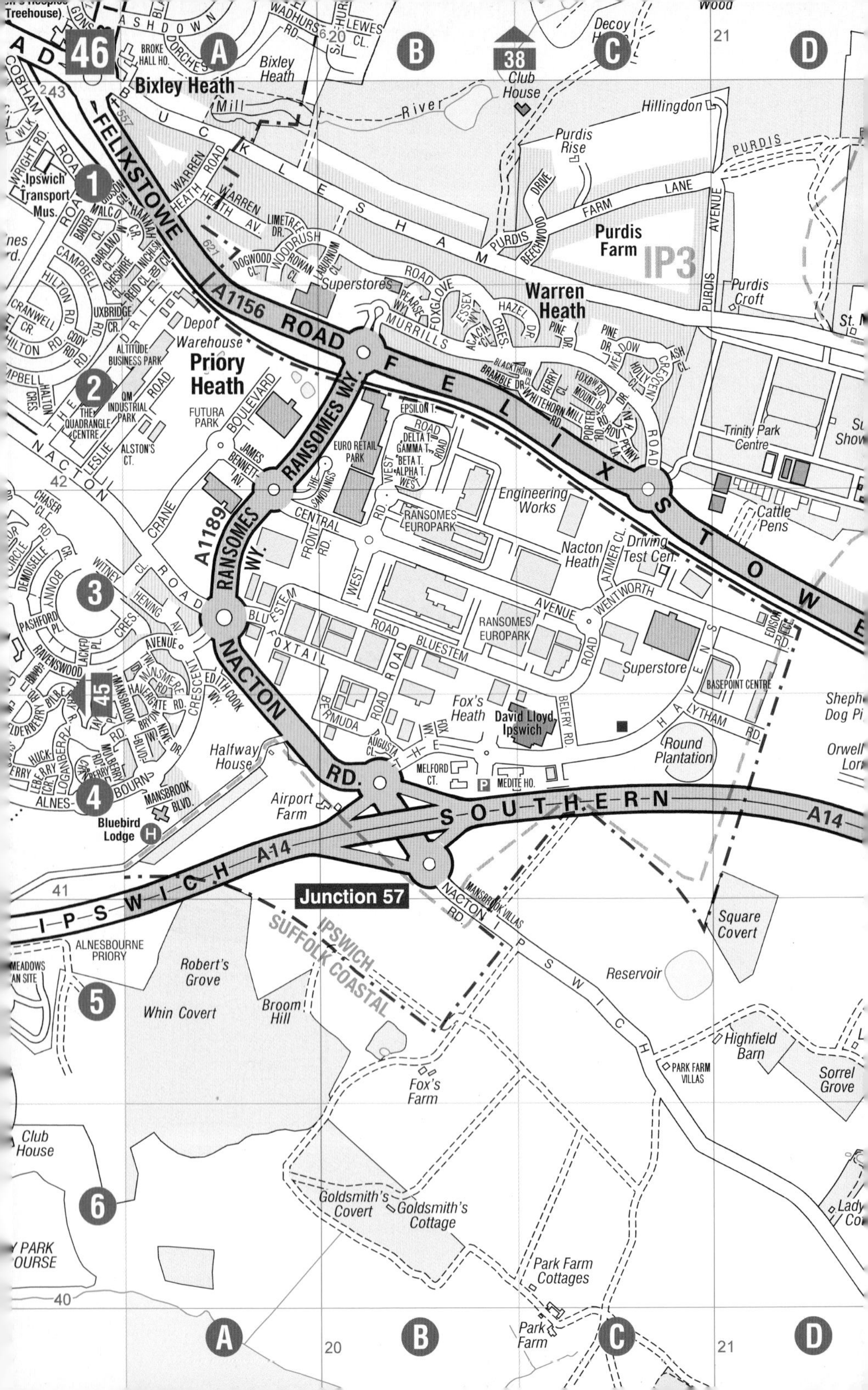
46
Bixley Heath
FELIXSTOWE ROAD
A1156
Priory Heath
Warren Heath
Purdis Farm
IP3
RANSOMES WY.
A1189
NACTON RD.
RANSOMES EUROPARK
SOUTHERN
IPSWICH
A14
Junction 57
IPSWICH
SUFFOLK COASTAL
Superstores
Superstore
David Lloyd Ipswich
Trinity Park Centre
Cattle Pens
Engineering Works
Nacton Heath
Driving Test Cen.
Round Plantation
Fox's Heath
Halfway House
Airport Farm
Bluebird Lodge
Ipswich Transport Mus.
Depot
Warehouse
FUTURA PARK
EURO RETAIL PARK
ALTITUDE BUSINESS PARK
QM INDUSTRIAL PARK
THE QUADRANGLE CENTRE
BASEPOINT CENTRE
Club House
Purdis Rise
Hillingdon
Purdis Croft
Square Covert
Reservoir
Highfield Barn
Sorrel Grove
PARK FARM VILLAS
Robert's Grove
Whin Covert
Broom Hill
ALNESBOURNE PRIORY
Fox's Farm
Goldsmith's Covert
Goldsmith's Cottage
Park Farm Cottages
Park Farm
38
45
MANSBROOK VILLAS
MEDITE HO.
MELFORD CT.

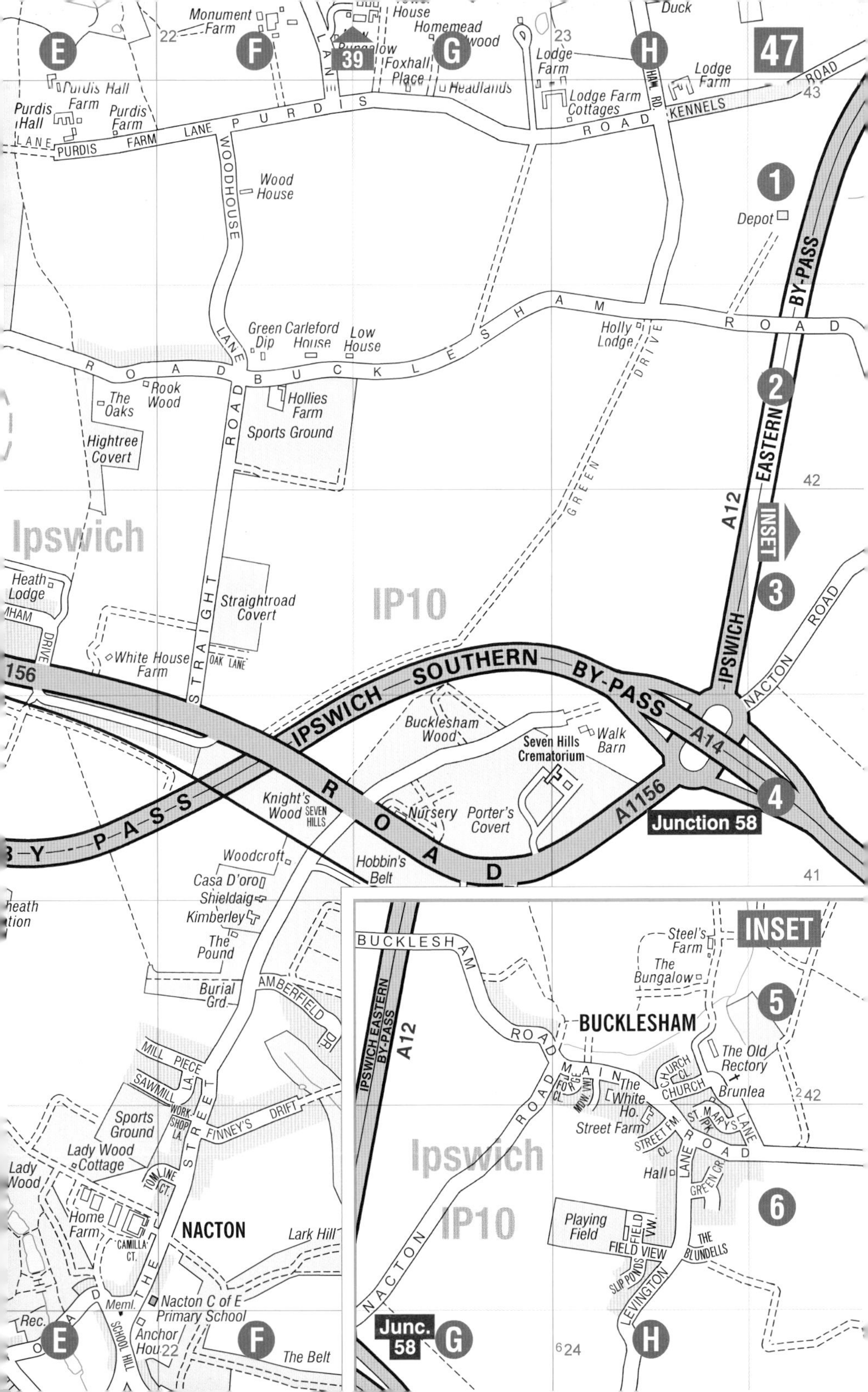

Monument Farm
Purdis Hall Farm
Purdis Hall
Purdis Farm
PURDIS FARM LANE
PURDIS ROAD
Foxhall Place
Headlands
Lodge Farm
Lodge Farm Cottages
HALL RD.
KENNELS ROAD
Duck
39
22
23
43
Wood House
WOODHOUSE LANE
Depot
EASTERN BY-PASS
BUCKLESHAM ROAD
Green Dip
Carleford House
Low House
Holly Lodge
GREEN DRIVE
Rook Wood
The Oaks
Hollies Farm
Sports Ground
Hightree Covert
Ipswich
IP10
Heath Lodge
Straightroad Covert
STRAIGHT ROAD
OAK LANE
White House Farm
A12
INSET
42
IPSWICH
NACTON ROAD
IPSWICH SOUTHERN BY-PASS
A14
A1156
Junction 58
Bucklesham Wood
Seven Hills Crematorium
Walk Barn
Knight's Wood
SEVEN HILLS
Nursery
Porter's Covert
Hobbin's Belt
Woodcroft
Casa D'oro
Shieldaig
Kimberley
The Pound
Burial Grd.
AMBERFIELD DR.
41
MILL PIECE
SAWMILL LA.
WORKSHOP LA.
FINNEY'S DRIFT
THE STREET
Sports Ground
Lady Wood Cottage
Lady Wood
TOM LINE CT.
Home Farm
CAMILLA CT.
NACTON
Lark Hill
Meml.
Nacton C of E Primary School
SCHOOL HILL
Anchor Hou.
Rec.
The Belt
BUCKLESHAM ROAD
IPSWICH EASTERN BY-PASS
Steel's Farm
The Bungalow
BUCKLESHAM
The Old Rectory
Brunlea
MAIN ROAD
FORGE CL.
MDW. VW.
The White Ho.
CHURCH CL.
CHURCH
ST. MARYS PK.
Street Farm
STREET FM. CL.
LANE
Hall
GREEN CR.
Playing Field
FIELD VW.
FIELD VIEW
SLIP PONDS
THE BLUNDELLS
LEVINGTON
NACTON ROAD
Junc. 58
24
E F G H
1 2 3 4 5 6

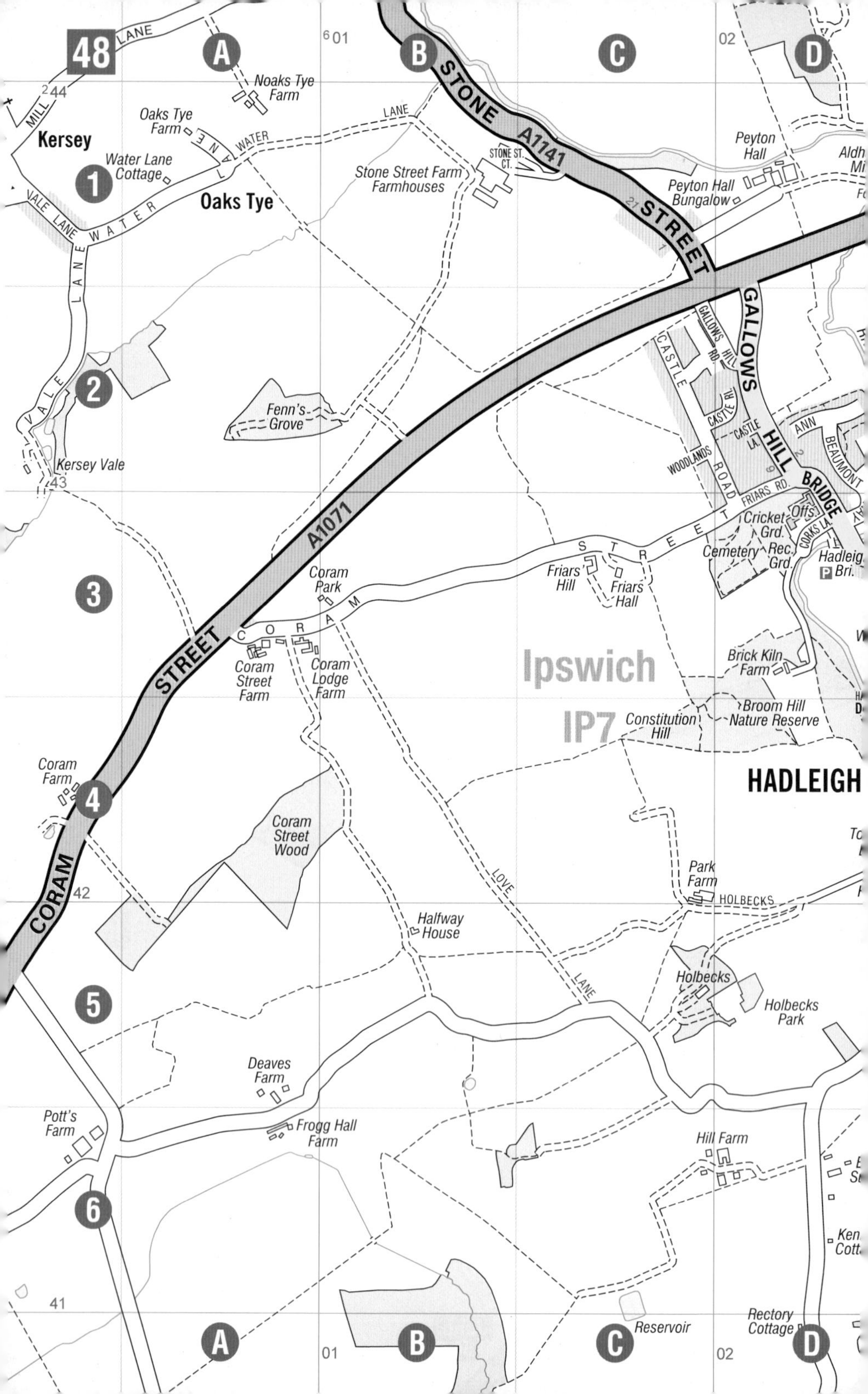
Kersey
Oaks Tye
Noaks Tye Farm
Oaks Tye Farm
Water Lane Cottage
Stone Street Farm Farmhouses
STONE STREET A1141
Peyton Hall
Peyton Hall Bungalow
Fenn's Grove
Kersey Vale
A1071
GALLOWS HILL
CASTLE ROAD
WOODLANDS
FRIARS RD.
BRIDGE
Cricket Grd.
Cemetery
Rec. Grd.
Offs.
Hadleigh Bri.
Coram Park
Friars' Hill
Friars Hall
CORAM STREET
Coram Street Farm
Coram Lodge Farm
Ipswich
IP7
Brick Kiln Farm
Broom Hill Nature Reserve
Constitution Hill
HADLEIGH
Coram Farm
Coram Street Wood
LOVE LANE
Park Farm
HOLBECKS
Halfway House
Holbecks
Holbecks Park
Deaves Farm
Pott's Farm
Frogg Hall Farm
Hill Farm
Reservoir
Rectory Cottage

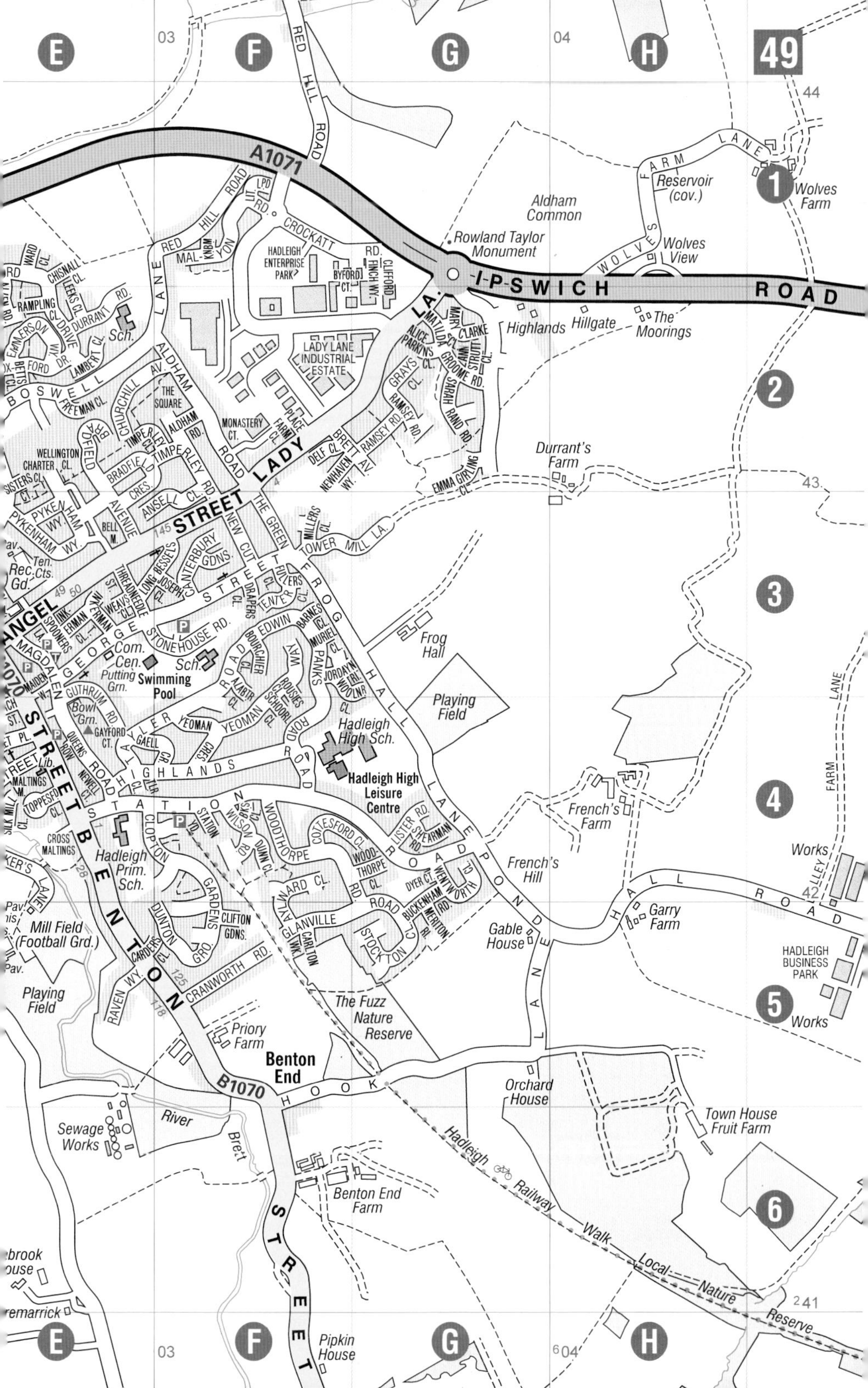
E
F
G
H
03
04
44
43
42
41
1
2
3
4
5
6
A1071
IPSWICH ROAD
RED HILL ROAD
Aldham Common
Reservoir (cov.)
Wolves Farm
FARM LANE
WOLVES
Wolves View
Rowland Taylor Monument
Highlands
Hillgate
The Moorings
HADLEIGH ENTERPRISE PARK
CROCKATT RD.
BYFORD CT.
FINCH WY.
CLIFFORD
LADY LANE INDUSTRIAL ESTATE
LADY LA.
MALYON
ALICE PARKINS CL.
MATILDA CL.
MARY
CLARKE
LAMB
STRUTT CL.
GROOME RD.
SARAH RAND RD.
GRAYS CL.
RAMSEY RD.
BRETT AV.
DELF CL.
NEWHAVEN WY.
EMMA GIRLING CL.
Durrant's Farm
MONASTERY CT.
FARM CL.
PLACE
ALDHAM ROAD
ALDHAM RD.
THE SQUARE
CHURCHILL AV.
TIMPERLEY
TIMPERLEY RD.
BRADFIELD CRES.
ANSELL CL.
AVENUE
BELL M.
STREET
WARD
CHISNALL
LEEKS CL.
RAMPLING CL.
DRIVE
DURRANT RD.
Sch.
LAMBERT CL.
EMMERSON
FORD DR.
BOSWELL
FREEMAN CL.
WELLINGTON CL.
CHARTER CL.
SISTERS CL.
PYKENHAM WY.
Ten. Cts.
Rec. Gd.
ANGEL
THE GREEN
NEW CUT
MILLERS CL.
TOWER MILL LA.
CANTERBURY GDNS.
LONG BESSELS
JOSEPH CL.
THREADNEEDLE
GEORGE STREET
DRAPERS CL.
TENTER
FULLERS CL.
FROG HALL LANE
Frog Hall
Playing Field
STONEHOUSE RD.
EDWIN
BARNES CL.
MURIEL CL.
PANKS
JORDAYN
BOURCHIER CL.
Com. Cen.
Swimming Pool
Putting Grn.
Bowl Grn.
MAGDALEN
MAIDEN W.
GUTHRUM RD
GAYFORD CT.
GAELL
TAYLER
YEOMAN
YEOMAN CL.
ROUSIES
SCHOOL
ROAD
CRES.
HIGHLANDS
ROAD
Hadleigh High Sch.
Hadleigh High Leisure Centre
QUEENS ROW
NEWELL CT.
Lib.
MALTINGS
TOPPESFIELD CL.
CROSS MALTINGS
STATION
STATION YD.
WILSON RD.
DUNN CL.
WOODTHORPE
COTTESFORD CL.
WOODTHORPE CL.
LISTER RD.
SHEARMAN RD.
WENTWORTH
DYER CT.
POND HALL ROAD
AYLWARD CL.
GLANVILLE
CARLTON
BUCKENHAM RD.
MERITON
STOCKTON CL.
Hadleigh Prim. Sch.
CLOPTON
GARDENS
CLIFTON GDNS.
DUNTON GRO.
CARDERS CL.
RAVEN WY.
CRANWORTH RD.
BENTON STREET
Mill Field (Football Grd.)
Pav.
Playing Field
French's Farm
French's Hill
Gable House
POND LANE
HALL ROAD
Garry Farm
Works
HADLEIGH BUSINESS PARK
Works
FARM LANE
The Fuzz Nature Reserve
Priory Farm
Benton End
B1070
HOOK LANE
Orchard House
Town House Fruit Farm
Sewage Works
River Brett
Hadleigh Railway Walk Local Nature Reserve
Benton End Farm
STREET
Pipkin House
Tremarrick

A
B
C
D
1
2
3
4
5
6
Little Wenham Hall
Wenham Castle
Moat
Hall Cott.
Oak Cott
Jermyns Farm
Lodge Cottages
Little Wenham
Binny's Wood
Brook Farm
BROOK LANE
GIPSY ROW
Churchford Farm
Great Wenham
CAPEL ST. MARY
DAYS ROAD
DOVE CL.
DAWES CL.
WINDMILL HILL
MILL CL.
DAYS GREEN
Capel St.Mary C of E Prim. Sch.
OLD RCTY. WK.
CATESBRAY
ASH GRO.
SCHOOL CL.
SNOW CROFT
BOYDLANDS
PENNY MDW.
PETER'S
CROTCHETS CL.
VINE
THE HILL
THE DRIFT
CEDARS LA.
PLOUGH RD.
CHAPEL
LINK RD.
LITTLE GULLS
DOOMANS
TOLL GATE RD.
LETTON CL.
COOMBERS
RED SLEEVE
LITTLE GROVE
SAWYERS CL.
CHALKNERS CL.
STOCKMERS END
Priory Farm
Keepers Cottage
Sewage Works
Rectory Cottage
Springhill
Springhill Place
Pound Cottage
Rose Dene
Longcroft
The Bungalow
RED
CAPELGROVE
Bleudevene
Byways
POUND LANE
Leaping Wells
Depot
Oakapples
Manor Cott.
Bush Farm
Great Gilberts Farm
BLUEGATE LANE
WENHAM
Wenham Hill
Cotswold Poultry Farm
Orchard Lea
The Meadows
Orchard & View Farm
POUND LA.
OLD LONDON ROAD
Manor Ho.
Bradfield Farm
Boydland Farm
Dovefield Farm
Boynton Hall
Highfields
Meadows
A12
Lattinford Bridge
LANE
Hassocks
Lattinford Hill
Colchester
CO7
WOODGATES ROAD
CUTLERS LANE
Sutton Brook
Hill Farm
Kiln Cottage
Woodgates Farm
Hustlers Grove
Rookery
54
08
09
239
38
37
36

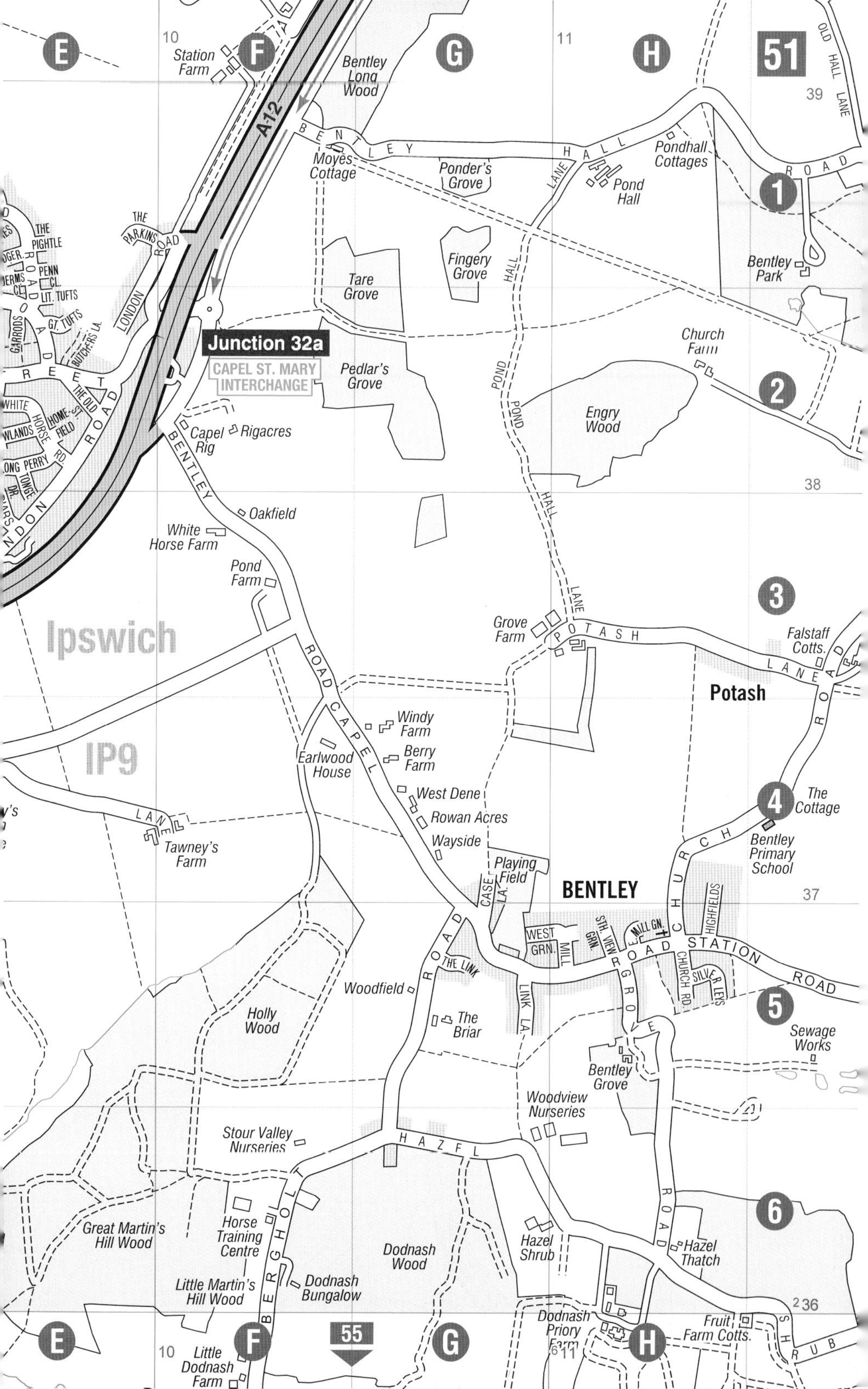
E
F
G
H
10
11
39
38
37
36
1
2
3
4
5
6
Station Farm
A12
Bentley Long Wood
BENTLEY HALL ROAD
OLD HALL LANE
Moyes Cottage
Ponder's Grove
Pondhall Cottages
Pond Hall
Bentley Park
THE PARKINS ROAD
THE PIGHTLE
PENN CL.
LIT. TUFTS
GT. TUFTS
BUTCHERS LA.
GARRODS
LONDON ROAD
OLD LONDON ROAD
Fingery Grove
Tare Grove
HALL LANE
Junction 32a
CAPEL ST. MARY INTERCHANGE
Pedlar's Grove
Church Farm
POND HALL LANE
Engry Wood
WHITE HORSE RD
HOMEFIELD
THE OLD STREET
LONG PERRY
TONGE DR.
Capel Rig
Rigacres
BENTLEY ROAD
Oakfield
White Horse Farm
Pond Farm
Ipswich
IP9
Grove Farm
POTASH LANE
Falstaff Cotts.
Potash
CAPEL ROAD
Windy Farm
Berry Farm
Earlwood House
West Dene
Rowan Acres
Wayside
LANE
Tawney's Farm
The Cottage
Bentley Primary School
CHURCH ROAD
Playing Field
CASE LA.
BENTLEY
WEST GRN.
MILL GRN.
STH. VIEW GRN.
MILL GN.
HIGHFIELDS
STATION ROAD
THE LINK
ROAD
Woodfield
LINK LA.
CHURCH RD.
SILVER LEYS
GROVE ROAD
Holly Wood
The Briar
Sewage Works
Bentley Grove
Woodview Nurseries
Stour Valley Nurseries
HAZEL
Great Martin's Hill Wood
Horse Training Centre
Dodnash Wood
Hazel Shrub
Hazel Thatch
BERGHOLT
Little Martin's Hill Wood
Dodnash Bungalow
Dodnash Priory Farm
Fruit Farm Cotts.
SHRUB
Little Dodnash Farm
55

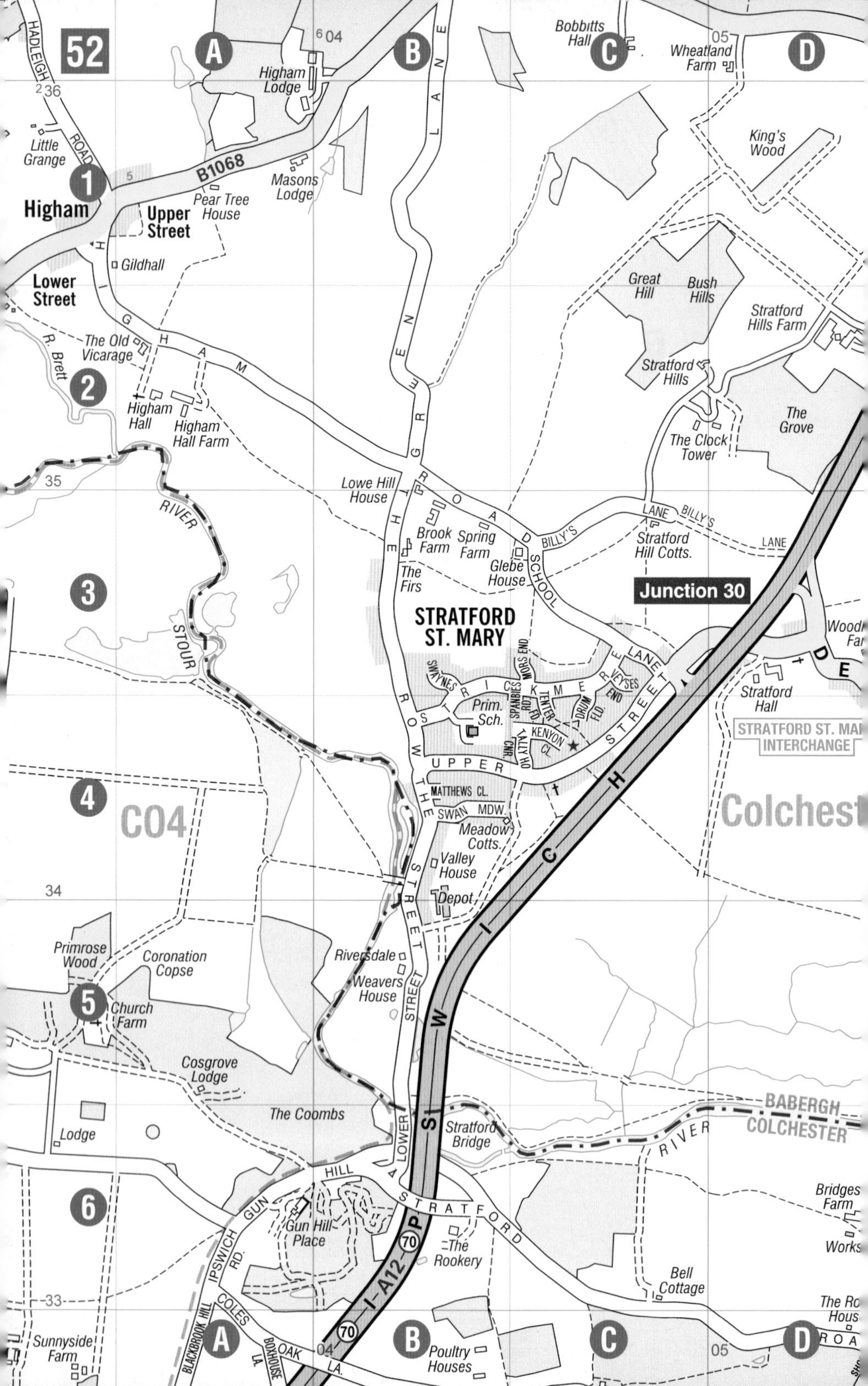

Higham
Upper Street
Lower Street
Little Grange
Higham Lodge
Masons Lodge
Pear Tree House
Gildhall
The Old Vicarage
Higham Hall
Higham Hall Farm
Bobbitts Hall
Wheatland Farm
King's Wood
Great Hill
Bush Hills
Stratford Hills Farm
Stratford Hills
The Grove
The Clock Tower
Lowe Hill House
Brook Farm
Spring Farm
Glebe House
The Firs
Stratford Hill Cotts.
Junction 30
STRATFORD ST. MARY
Prim. Sch.
Stratford Hall
STRATFORD ST. MAR INTERCHANGE
Colchest
Meadow Cotts.
Valley House
Depot
Riversdale
Weavers House
Primrose Wood
Coronation Copse
Church Farm
Cosgrove Lodge
The Coombs
Lodge
Stratford Bridge
BABERGH
COLCHESTER
Bridges Farm
Works
Gun Hill Place
The Rookery
Bell Cottage
The Ro Hous
Sunnyside Farm
Poultry Houses
CO4
B1068
A12
HADLEIGH ROAD
HIGHAM ROAD
THE GREEN LANE
THE ROW
BILLY'S LANE
SCHOOL LANE
UPPER STREET
STRICKMERE
SWAYNES
MORS END
SPANBIES RD.
TENTER FD.
DRUM FLD.
VEYSES END
KENYON CL.
TALLY HO CNR.
MATTHEWS CL.
SWAN MDW.
LOWER STREET
GUN HILL
STRATFORD ROAD
IPSWICH RD.
COLES OAK LA.
BLACKBROOK HILL
BOXHOUSE LA.
IPSWICH
RIVER STOUR
R. Brett
RIVER

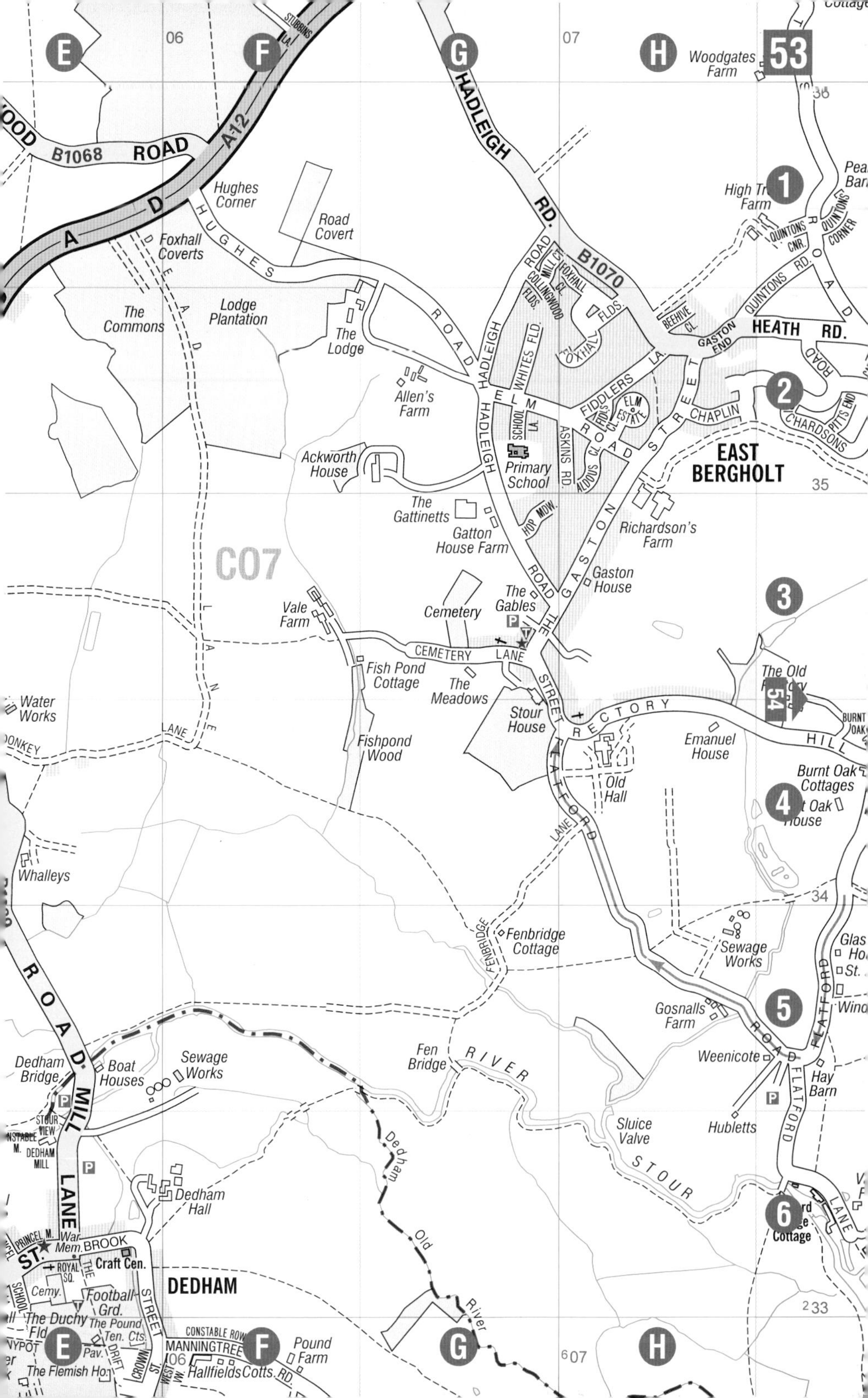
53
E
F
G
H
06
07
STUBBINS LA.
Woodgates Farm
B1068 ROAD
A12
A D
HADLEIGH RD.
B1070
Hughes Corner
Road Covert
Foxhall Coverts
HUGHES ROAD
High Tree Farm
QUINTONS CNR.
QUINTONS CORNER
QUINTONS RD.
HEATH RD.
1
2
3
4
5
6
The Commons
Lodge Plantation
The Lodge
MILL CL.
COLLINGWOOD FLDS.
FOXHALL CL.
FOXHALL FLDS.
BEEHIVE CL.
GASTON END
WHITES FLD.
FIDDLERS LA.
ELM ROAD
ELM ESTATE
CHAPLIN
CHARDSONS
PITTS END
EAST BERGHOLT
Allen's Farm
SCHOOL LA.
ASKINS RD.
ALDOUS CL.
Primary School
Ackworth House
The Gattinetts
Gatton House Farm
HOP MDW.
GASTON STREET
Richardson's Farm
35
C07
Gaston House
The Gables
Vale Farm
Cemetery
CEMETERY LANE
Fish Pond Cottage
The Meadows
Stour House
THE STREET
RECTORY HILL
The Old Rectory
54
BURNT OAK
Emanuel House
Burnt Oak Cottages
Burnt Oak House
Old Hall
FLATFORD LANE
Water Works
DONKEY LANE
Fishpond Wood
Whalleys
34
Fenbridge Cottage
FENBRIDGE
Sewage Works
Gosnalls Farm
Weenicote
FLATFORD ROAD
Hay Barn
Hubletts
Fen Bridge
RIVER STOUR
Sluice Valve
Dedham Bridge
Boat Houses
Sewage Works
MILL LANE
ROAD
STOUR VIEW
DEDHAM MILL
Dedham Hall
Dedham Old River
PRINCEL M.
War Mem.
BROOK ST.
ROYAL SQ.
Craft Cen.
DEDHAM
Cemy.
Football Grd.
The Duchy Fld
The Pound
Ten. Cts.
Pav.
DRIFT
The Flemish Ho.
CROWN ST.
CONSTABLE ROW
MANNINGTREE RD.
WEST. W.
Hallfields Cotts.
Pound Farm
Cottage
33
Wind

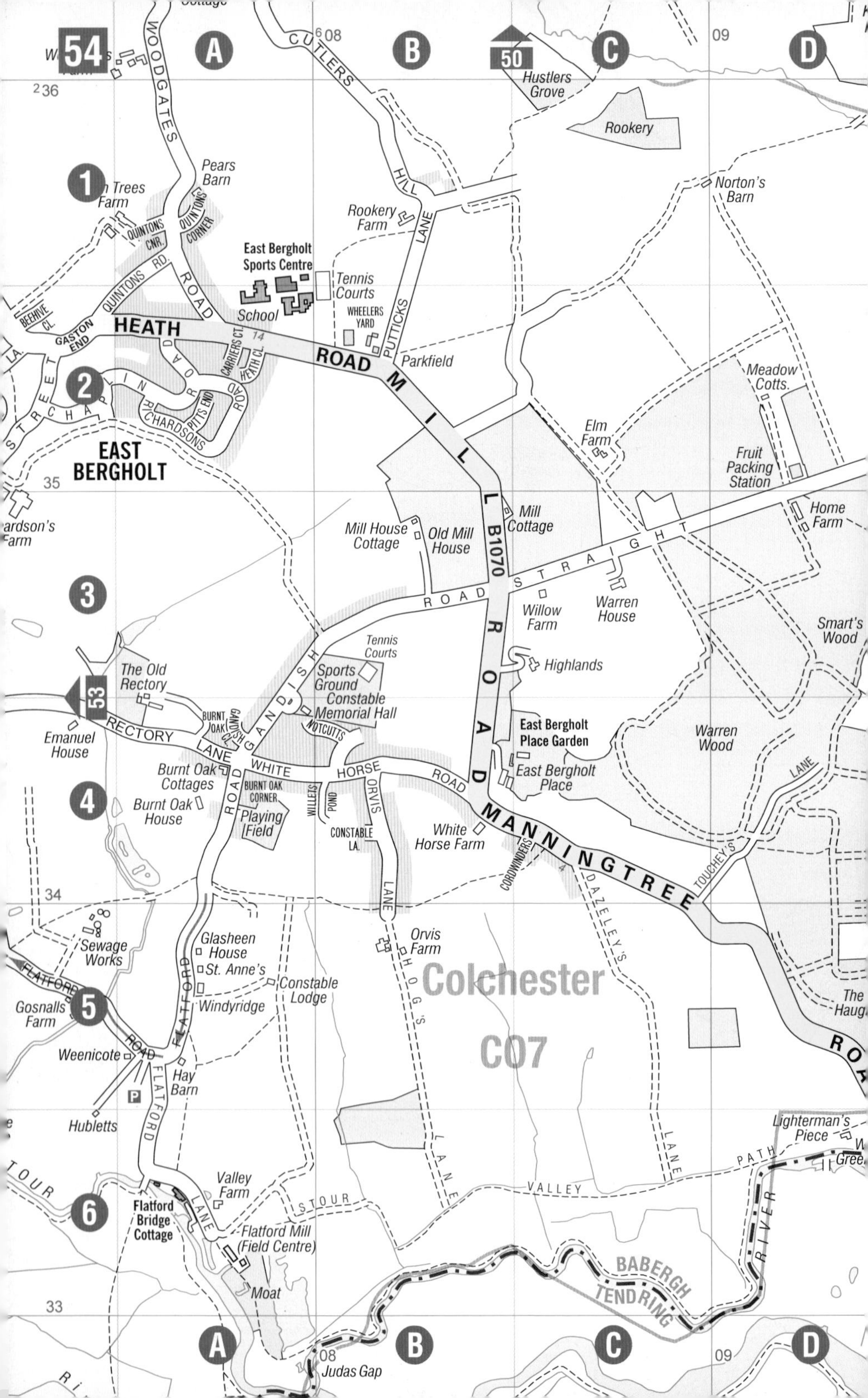

A
B
C
D
50
Hustlers Grove
Rookery
Norton's Barn
Pears Barn
WOODGATES ROAD
CUTLERS HILL LANE
Rookery Farm
East Bergholt Sports Centre
Tennis Courts
School
WHEELERS YARD
PUTTICKS
Parkfield
QUINTONS CNR.
QUINTONS CORNER
QUINTONS RD.
BEEHIVE CL.
GASTON END
HEATH ROAD
CARRIERS CT.
HEATH CL.
CHAPEL STREET
RICHARDSONS
PITS END
EAST BERGHOLT
Meadow Cotts.
Elm Farm
Fruit Packing Station
Home Farm
Mill Cottage
Mill House Cottage
Old Mill House
B1070
MILL ROAD
ROAD STRAIGHT
Willow Farm
Warren House
Smart's Wood
Highlands
The Old Rectory
53
RECTORY LANE
Emanuel House
BURNT OAK
GANDISH
Sports Ground
Tennis Courts
Constable Memorial Hall
NOTCUTTS
East Bergholt Place Garden
East Bergholt Place
Warren Wood
Burnt Oak Cottages
WHITE HORSE ROAD
BURNT OAK CORNER
Playing Field
WILLETS
POND
ORVIS LANE
CONSTABLE LA.
White Horse Farm
MANNINGTREE ROAD
CORDWINDERS
DAZELEY'S LANE
TOUCHEY'S LANE
Burnt Oak House
Sewage Works
Glasheen House
St. Anne's
Constable Lodge
Orvis Farm
HOG'S LANE
Colchester
CO7
FLATFORD ROAD
Gosnalls Farm
Windyridge
Weenicote
Hay Barn
FLATFORD LANE
P
Hublets
The Haugh
Lighterman's Piece
VALLEY PATH
STOUR
Valley Farm
Flatford Bridge Cottage
Flatford Mill (Field Centre)
Moat
BABERGH
TENDRING
RIVER
Judas Gap

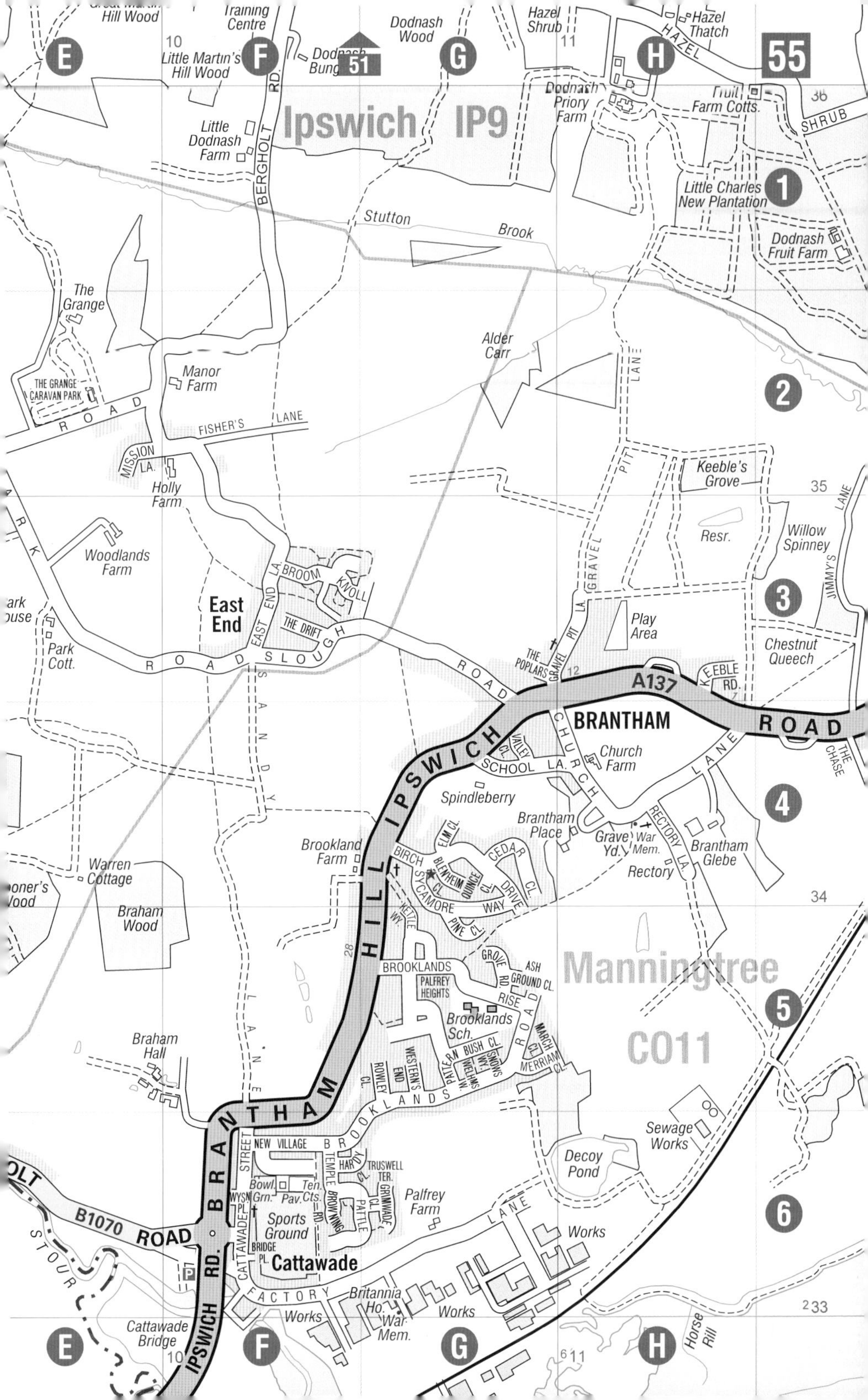
55
51
Ipswich IP9
Manningtree
CO11
Hill Wood
Training Centre
Little Martin's Hill Wood
Dodnash Wood
Dodnash Bung.
Hazel Shrub
Hazel Thatch
HAZEL
SHRUB
Dodnash Priory Farm
Fruit Farm Cotts.
Little Dodnash Farm
BERGHOLT RD.
Little Charles New Plantation
Stutton
Brook
Dodnash Fruit Farm
The Grange
THE GRANGE CARAVAN PARK
Manor Farm
Alder Carr
ROAD
FISHER'S LANE
MISSION LA.
Holly Farm
PIT LANE
GRAVEL
Keeble's Grove
Resr.
Willow Spinney
JIMMY'S LANE
Woodlands Farm
BROOM KNOLL
EAST END LA.
East End
THE DRIFT
SLOUGH ROAD
Play Area
Chestnut Queech
Park Cott.
THE POPLARS
GRAVEL PIT LA.
A137
KEEBLE RD.
BRANTHAM
ROAD
THE CHASE
IPSWICH
VALLEY CL.
SCHOOL LA.
CHURCH
Church Farm
LANE
SANDY LANE
Spindleberry
Brantham Place
Grave Yd.
War Mem.
RECTORY LA.
Rectory
Brantham Glebe
Brookland Farm
BIRCH
ELM CL.
BLENHEIM CL.
QUINCE CL.
CEDAR DRIVE
CL.
SYCAMORE WAY
PINE CL.
KETTLE WY.
Warren Cottage
Braham Wood
HILL
GROVE RD.
ASH GROUND CL.
BROOKLANDS
PALFREY HEIGHTS
RISE
Brooklands Sch.
ROAD
MARCH CL.
MERRIAM CL.
Braham Hall
PATTERN BUSH CL.
SNOWS WY.
WELHAMS W.
WESTERN'S END
ROWLEY CL.
BROOKLANDS
BRANTHAM
NEW VILLAGE
STREET
TEMPLE
HARDY CL.
TRUSWELL TER.
GRIMWADE CL.
Sewage Works
Decoy Pond
Palfrey Farm
B1070
ROAD
WYSN PL.
Bowl. Grn.
Pav.
Ten. Cts.
RD.
BROWNING
PATTLE
Sports Ground
LANE
Works
CATTAWADE
BRIDGE PL.
Cattawade
STOUR
RD.
FACTORY
Britannia Ho.
War Mem.
Works
Cattawade Bridge
IPSWICH
Horse Rill
E F G H
1 2 3 4 5 6
10 11 12 28 33 34 35 36

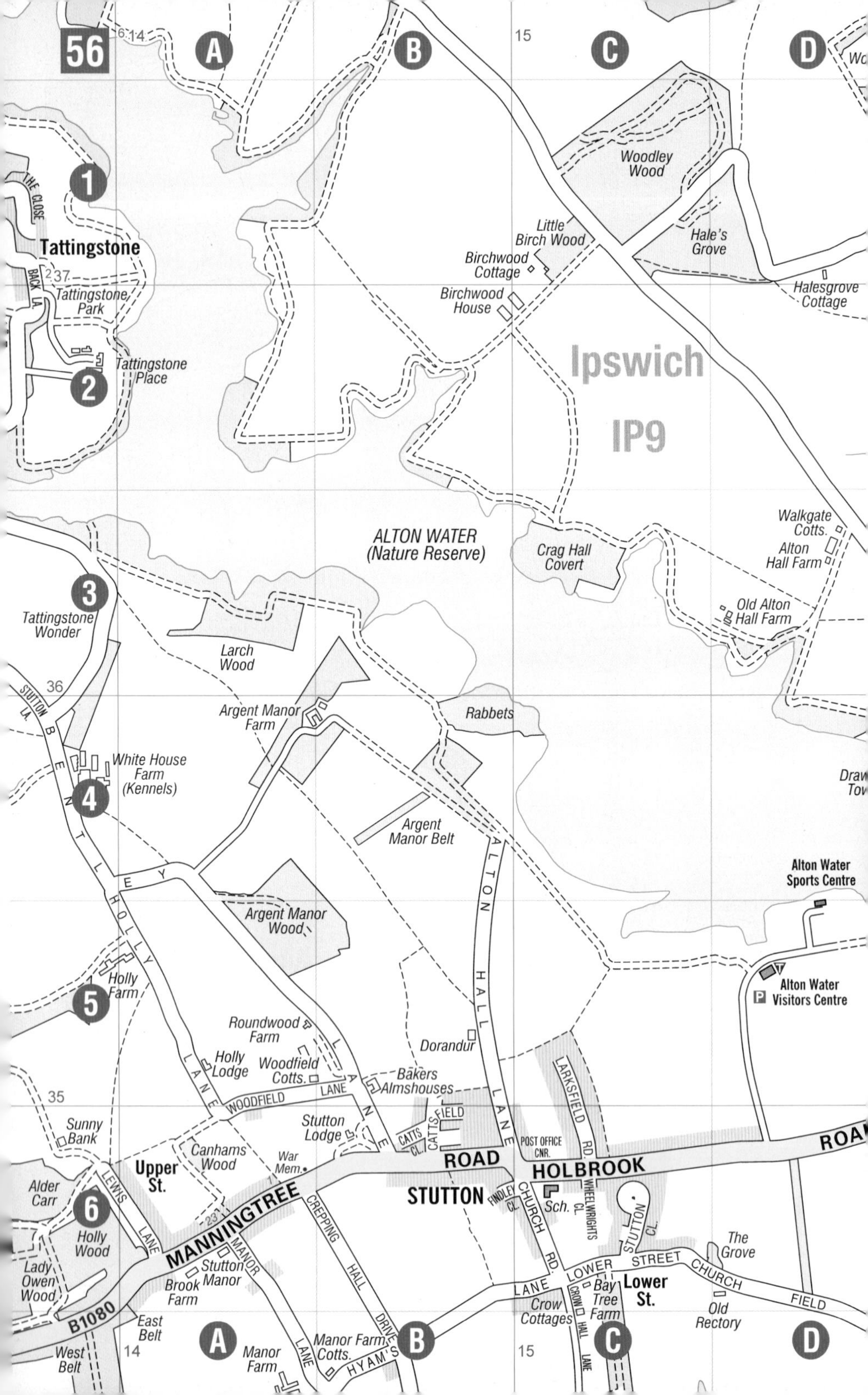
A
B
C
D
15
1
2
3
4
5
6
Tattingstone
THE CLOSE
BACK LA.
Tattingstone Park
Tattingstone Place
Woodley Wood
Little Birch Wood
Birchwood Cottage
Birchwood House
Hale's Grove
Halesgrove Cottage
Ipswich
IP9
ALTON WATER
(Nature Reserve)
Crag Hall Covert
Walkgate Cotts.
Alton Hall Farm
Old Alton Hall Farm
Tattingstone Wonder
Larch Wood
36
STUTTON LA.
Argent Manor Farm
Rabbets
White House Farm (Kennels)
BENTLEY
Argent Manor Belt
ALTON HALL LANE
Alton Water Sports Centre
Argent Manor Wood
HOLLY LANE
Holly Farm
Alton Water Visitors Centre
Roundwood Farm
Dorandur
Holly Lodge
Woodfield Cotts.
Bakers Almshouses
LARKSFIELD RD.
35
WOODFIELD LANE
Sunny Bank
Stutton Lodge
CATTS CL.
CATTSFIELD
POST OFFICE CNR.
Canhams Wood
War Mem.
ROAD
HOLBROOK
ROAD
Upper St.
Alder Carr
LEWIS LANE
MANNINGTREE
CREPPING HALL DRIVE
STUTTON
FINDLEY CL.
CHURCH RD.
Sch.
WHEELWRIGHTS CL.
STUTTON CL.
Holly Wood
MANOR
Stutton Manor
The Grove
Lady Owen Wood
Brook Farm
LANE
LOWER STREET
CHURCH FIELD
Crow Cottages
Bay Tree Farm
Lower St.
B1080
East Belt
CROW HALL LANE
Old Rectory
West Belt
14
Manor Farm
LANE
Manor Farm Cotts.
HYAM'S

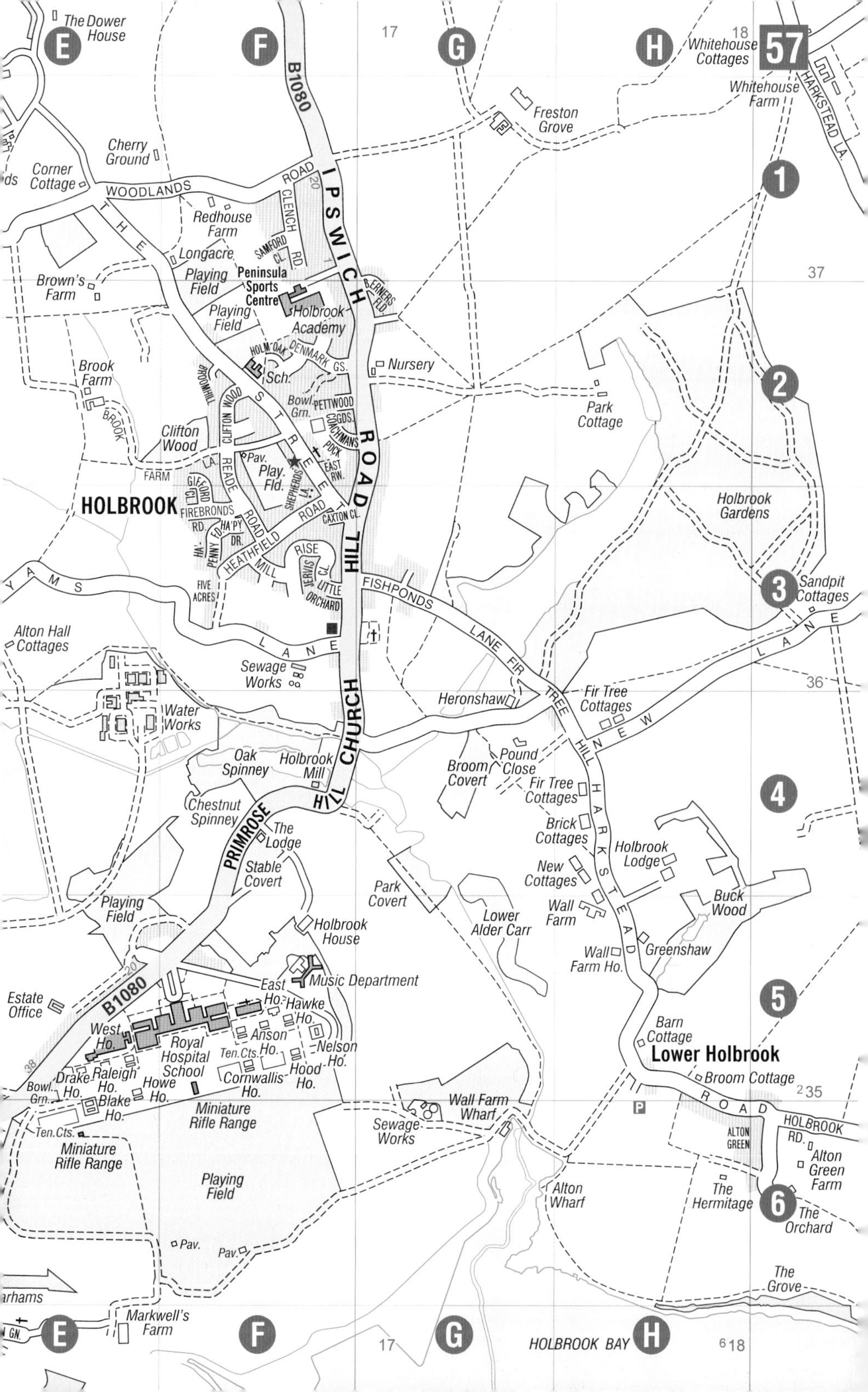
57
E
F
G
H
17
18
37
36
35
38
20
1
2
3
4
5
6
The Dower House
Whitehouse Cottages
Whitehouse Farm
HARKSTEAD LA.
Freston Grove
B1080
Cherry Ground
Corner Cottage
WOODLANDS ROAD
IPSWICH ROAD
CLENCH RD
SAMFORD CL.
Redhouse Farm
THE STREET
Longacre
Brown's Farm
Playing Field
Peninsula Sports Centre
Holbrook Academy
BERNERS FLD.
HOLM OAK
DENMARK GS.
Nursery
Sch.
BROOMHILL
CLIFTON WOOD
Brook Farm
BROOK
Bowl. Grn.
PETTWOOD GDS.
COACHMANS PDCK
Park Cottage
Clifton Wood
FARM LA.
READE RD.
Pav.
Play. Fld.
SHEPHERDS LA.
EAST RW.
GIFFORD CL.
FIREBRONDS RD.
HA'PY DR.
PENNY FD.
HA-
HOLBROOK
HEATHFIELD RD.
ROAD
CAXTON CL.
HILL
RISE
JERVIS CL.
MILL
LITTLE ORCHARD
FIVE ACRES
YAMS LANE
FISHPONDS LANE
Holbrook Gardens
Sandpit Cottages
NEW LANE
Alton Hall Cottages
Sewage Works
CHURCH HILL
FIR TREE HILL
Fir Tree Cottages
Heronshaw
Water Works
Oak Spinney
Holbrook Mill
Pound Close
Broom Covert
Fir Tree Cottages
HARKSTEAD RD
Chestnut Spinney
PRIMROSE HILL
Brick Cottages
Holbrook Lodge
The Lodge
Stable Covert
New Cottages
Park Covert
Buck Wood
Playing Field
Lower Alder Carr
Wall Farm
Holbrook House
Wall Farm Ho.
Greenshaw
Music Department
Estate Office
East Ho.
Hawke Ho.
West Ho.
Royal Hospital School
Anson Ho.
Nelson Ho.
Barn Cottage
Lower Holbrook
Ten.Cts.
Hood Ho.
Drake Ho.
Raleigh Ho.
Howe Ho.
Cornwallis Ho.
Broom Cottage
Bowl. Grn.
Blake Ho.
Miniature Rifle Range
Wall Farm Wharf
P
ROAD
HOLBROOK RD.
ALTON GREEN
Alton Green Farm
Ten.Cts.
Sewage Works
Miniature Rifle Range
Playing Field
Alton Wharf
The Hermitage
The Orchard
Pav.
Pav.
The Grove
arhams
GN.
Markwell's Farm
HOLBROOK BAY

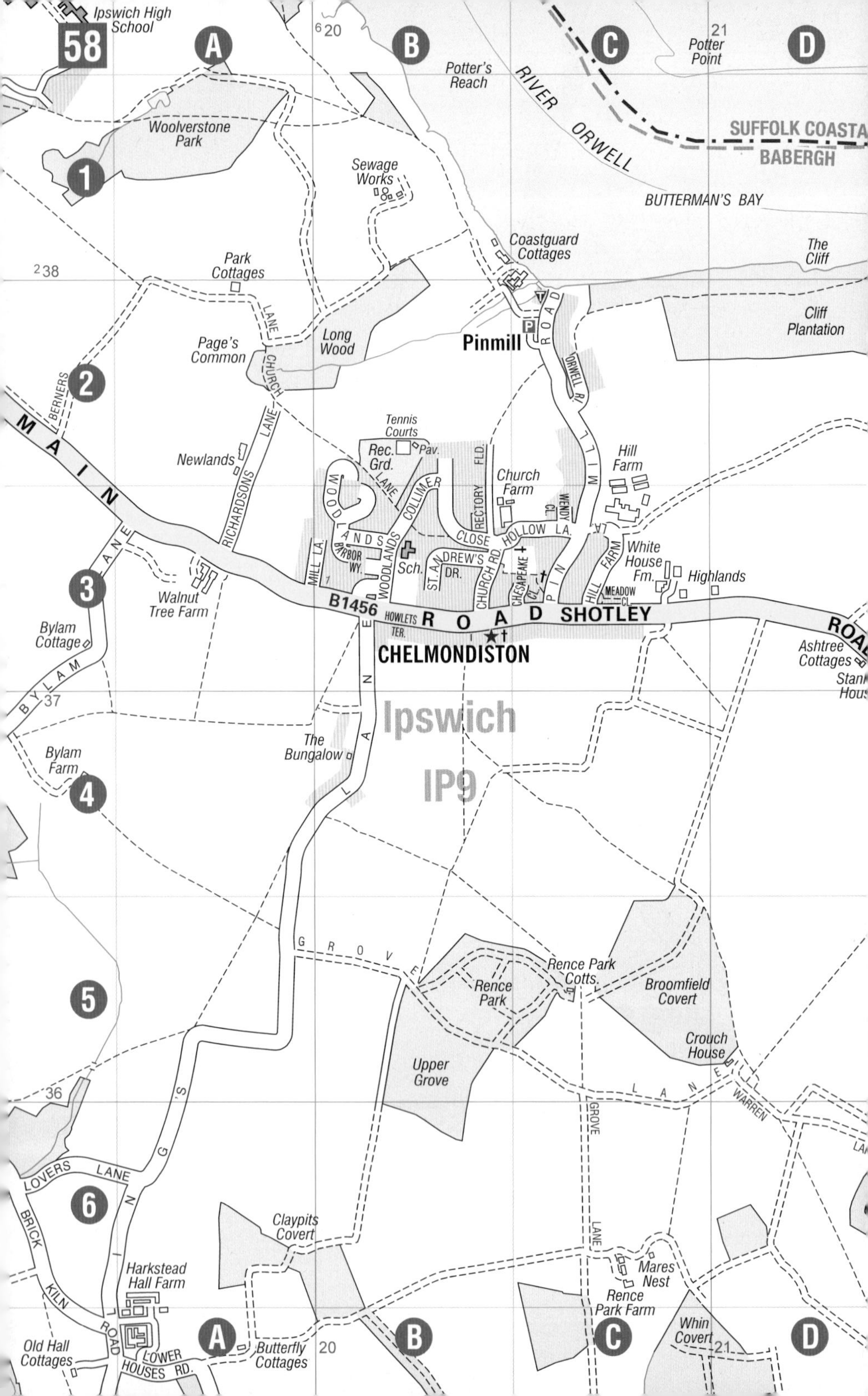
58
Ipswich High School
A
B
C
D
620
21
238
37
36
20
1
2
3
4
5
6
Potter's Reach
Potter Point
RIVER ORWELL
SUFFOLK COASTAL
BABERGH
BUTTERMAN'S BAY
Woolverstone Park
Sewage Works
Coastguard Cottages
The Cliff
Cliff Plantation
Park Cottages
Page's Common
Long Wood
Pinmill
CHURCH LANE
BERNERS
MAIN
ROAD
ORWELL RI.
PIN MILL
Tennis Courts
Rec. Grd.
Pav.
Newlands
RICHARDSONS LANE
WOODLANDS
COLLIMER CLOSE
RECTORY FLD.
Church Farm
Hill Farm
WENDY CL.
HOLLOW LA.
HILL FARM LA.
White House Fm.
Highlands
MEADOW CL.
CHESAPEAKE CL.
CHURCH RD.
ST. ANDREW'S DR.
Sch.
BARBOR WY.
MILL LA.
B1456
ROAD
SHOTLEY
ROAD
HOWLETS TER.
CHELMONDISTON
Walnut Tree Farm
Bylam Cottage
BYLAM LANE
Ashtree Cottages
Stan Hous
Ipswich
IP9
The Bungalow
Bylam Farm
KING'S LANE
GROVE LANE
Rence Park
Rence Park Cotts.
Broomfield Covert
Crouch House
Upper Grove
WARREN
LOVERS LANE
BRICK KILN ROAD
Claypits Covert
Harkstead Hall Farm
Mares Nest
Rence Park Farm
Whin Covert
Old Hall Cottages
LOWER HOUSES RD.
Butterfly Cottages

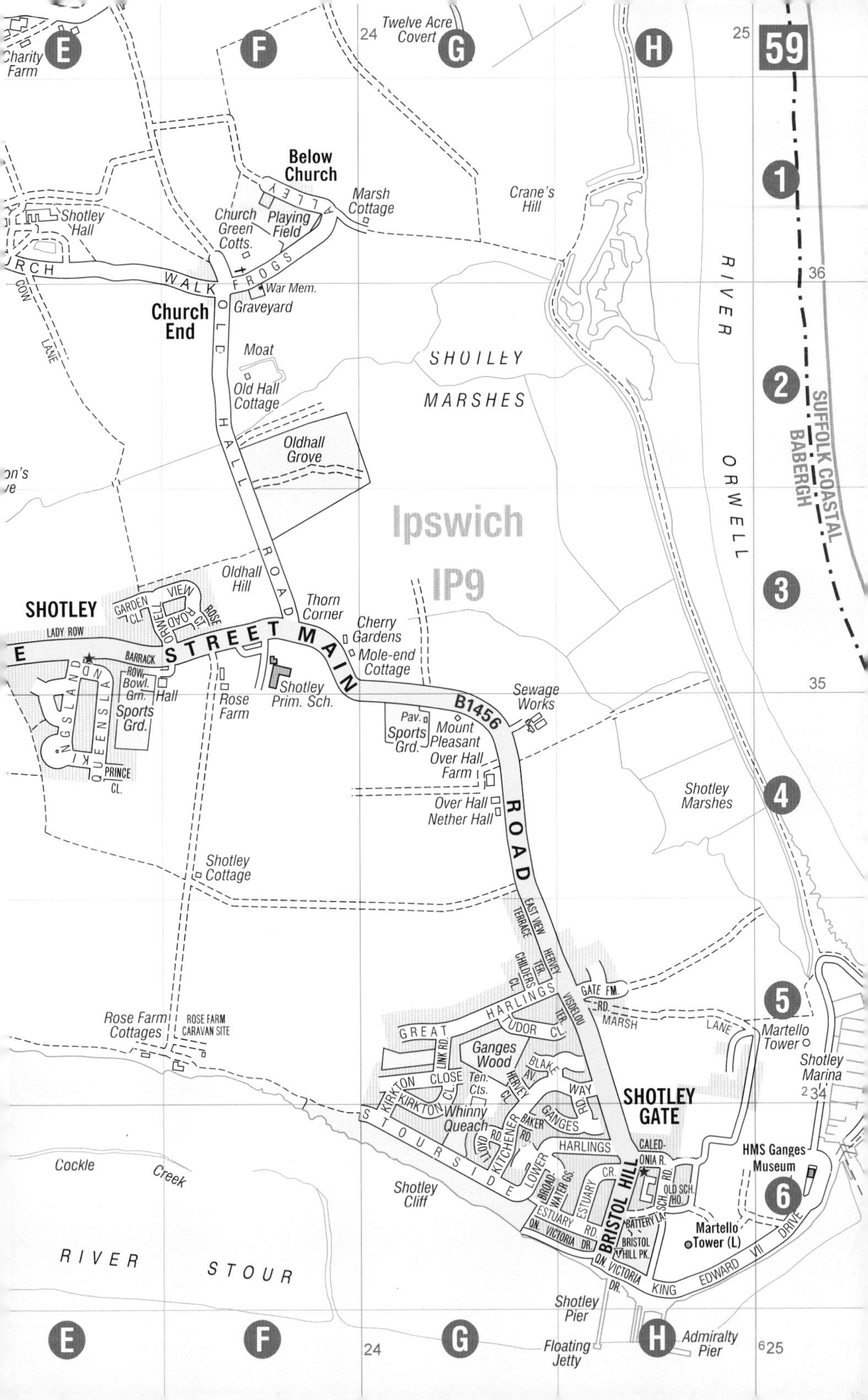
Charity Farm
Twelve Acre Covert
Below Church
Marsh Cottage
Crane's Hill
Shotley Hall
Church Green Cotts.
Playing Field
ALLEY
FROGS
CHURCH WALK
War Mem.
Graveyard
Church End
COW LANE
OLD HALL ROAD
Moat
Old Hall Cottage
SHOTLEY
MARSHES
RIVER ORWELL
SUFFOLK COASTAL
BABERGH
Oldhall Grove
Ipswich
IP9
Oldhall Hill
Thorn Corner
SHOTLEY
GARDEN CL.
VIEW ROAD
ROSE CT.
ORWELL
LADY ROW
MAIN STREET
BARRACK ROW
Cherry Gardens
Mole-end Cottage
KINGSLAND
QUEENSLAND
Bowl. Grn.
Hall
Sports Grd.
Rose Farm
Shotley Prim. Sch.
PRINCE CL.
B1456
Sewage Works
Pav.
Sports Grd.
Mount Pleasant
Over Hall Farm
Over Hall
Nether Hall
ROAD
Shotley Marshes
Shotley Cottage
EAST VIEW TERRACE
HERVEY TER.
CHILDERS CL.
HARLINGS
VISDELOU TER.
GATE FM. RD.
MARSH LANE
Martello Tower
Shotley Marina
Rose Farm Cottages
ROSE FARM CARAVAN SITE
GREAT
LINK RD.
TUDOR CL.
Ganges Wood
BLAKE AV.
HERVEY CL.
WAY
KIRKTON CLOSE
KIRKTON CL.
Ten. Cts.
Whinny Queach
GANGES RD.
BAKER RD.
SHOTLEY GATE
STOURSIDE
LLOYD RD.
KITCHENER RD.
LOWER
HARLINGS
CALEDONIA R.
HMS Ganges Museum
Cockle Creek
Shotley Cliff
BROAD
WATER GS.
ESTUARY CR.
BRISTOL HILL
SCH. RD.
OLD SCH. HO.
ESTUARY RD.
BATTERY LA.
QN. VICTORIA DR.
BRISTOL HILL PK.
Martello Tower (L)
KING EDWARD VII DRIVE
RIVER STOUR
Shotley Pier
Floating Jetty
Admiralty Pier
E
F
G
H
1
2
3
4
5
6
24
25
36
35
34

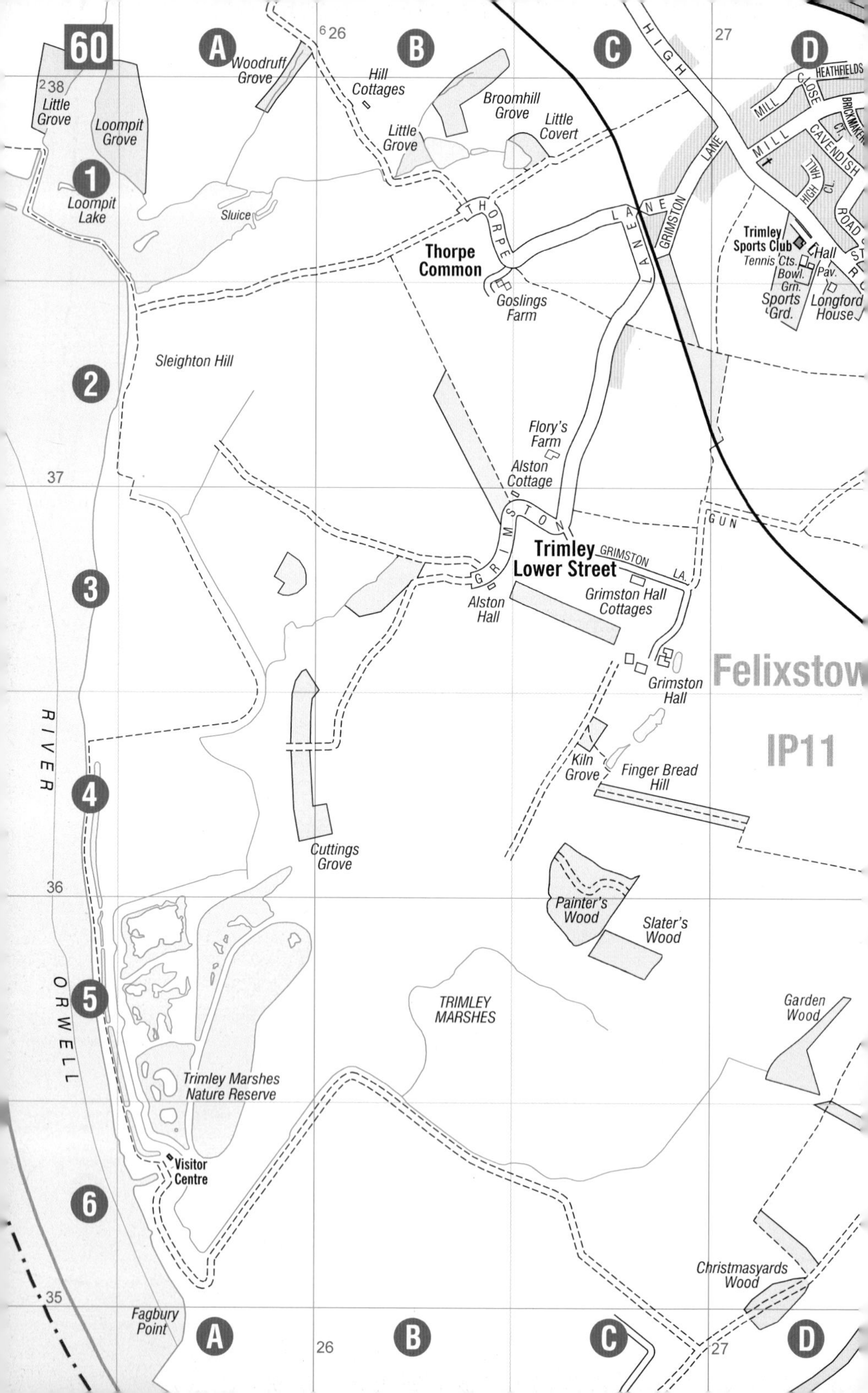
A
B
C
D
1
2
3
4
5
6
26
27
38
37
36
35
Woodruff Grove
Hill Cottages
Broomhill Grove
Little Covert
Little Grove
Little Grove
Loompit Grove
Loompit Lake
Sluice
THORPE LANE
Thorpe Common
Goslings Farm
GRIMSTON LANE
HIGH ROAD
MILL CLOSE
HEATHFIELDS
BRICKMAKERS CT.
MILL LANE
CAVENDISH
HIGH HALL CL.
Trimley Sports Club
Hall
Tennis Cts.
Bowl. Grn.
Pav.
Sports Grd.
Longford House
Sleighton Hill
Flory's Farm
Alston Cottage
Trimley Lower Street
GRIMSTON LA.
GUN
Alston Hall
Grimston Hall Cottages
Grimston Hall
Felixstow
IP11
Kiln Grove
Finger Bread Hill
Cuttings Grove
RIVER ORWELL
Painter's Wood
Slater's Wood
TRIMLEY MARSHES
Trimley Marshes Nature Reserve
Garden Wood
Visitor Centre
Christmasyards Wood
Fagbury Point

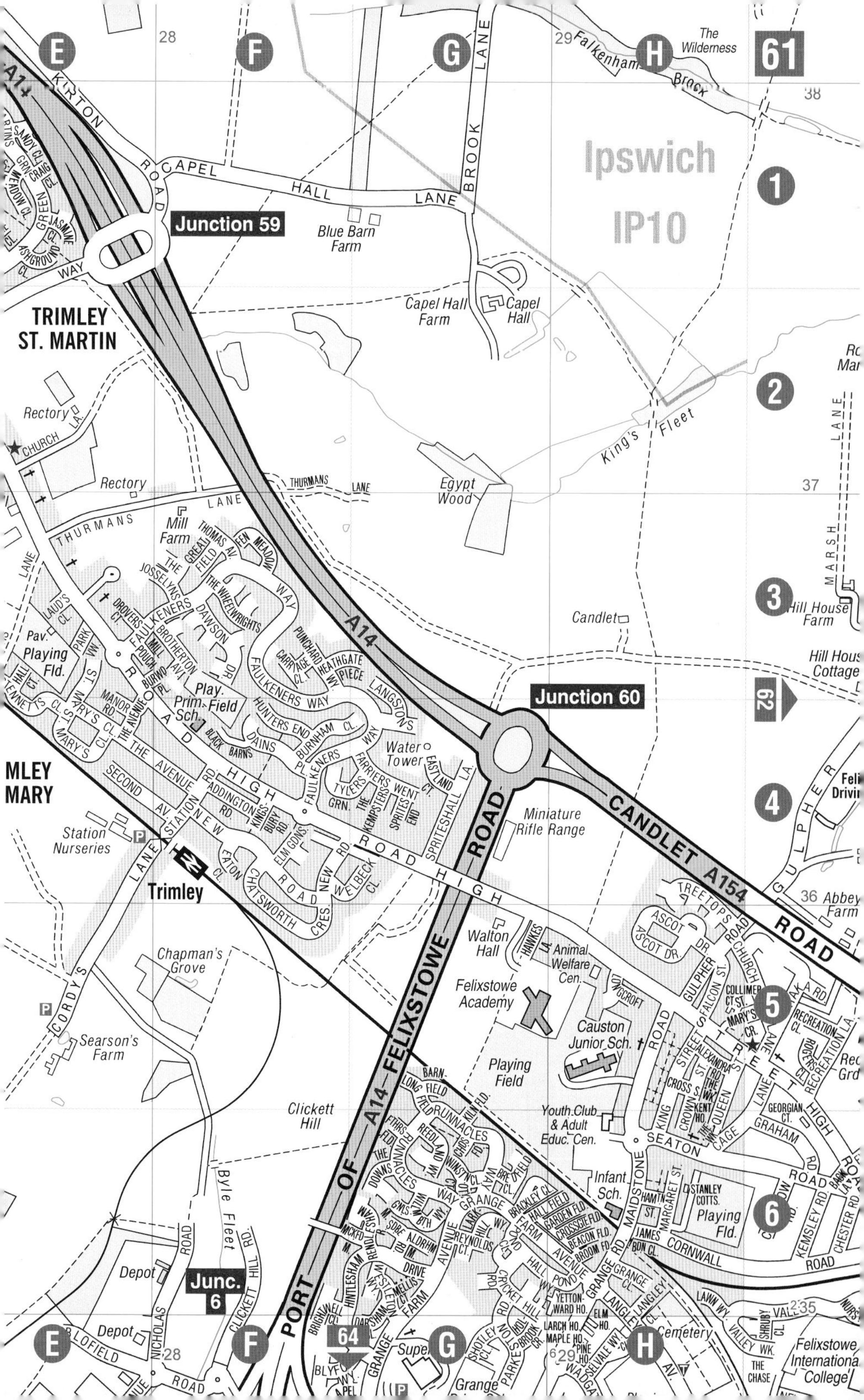
Ipswich
IP10
TRIMLEY
ST. MARTIN
Junction 59
Junction 60
Junc.
6
Blue Barn
Farm
Capel Hall
Farm
Capel
Hall
The
Wilderness
Falkenham
Brook
King's Fleet
Egypt
Wood
Candlet
Hill House
Farm
Hill House
Cottage
Rectory
Mill
Farm
Playing
Fld.
Play.
Field
Prim.
Sch.
Water
Tower
Miniature
Rifle Range
Station
Nurseries
Trimley
Chapman's
Grove
Searson's
Farm
Clickett
Hill
Walton
Hall
Animal
Welfare
Cen.
Felixstowe
Academy
Causton
Junior Sch.
Playing
Field
Youth Club
& Adult
Educ. Cen.
Infant
Sch.
Playing
Fld.
Cemetery
Depot
Felixstowe
International
College
KIRTON ROAD
CAPEL HALL LANE
BROOK LANE
THURMANS LANE
HIGH ROAD
CANDLET A154 ROAD
PORT OF A14 FELIXSTOWE ROAD
A14
GULPHER
MARSH LANE
CHURCH LA.
STATION LANE
CORDYS LANE
Byle Fleet
CLICKETT HILL RD.
SEATON ROAD
CORNWALL ROAD
MAIDSTONE RD.
FAULKENERS WAY
HUNTERS END
LANGSTONS
TREETOPS
ASCOT DR.
62
64
28
29
38
37
36
35
1
2
3
4
5
6
E
F
G
H

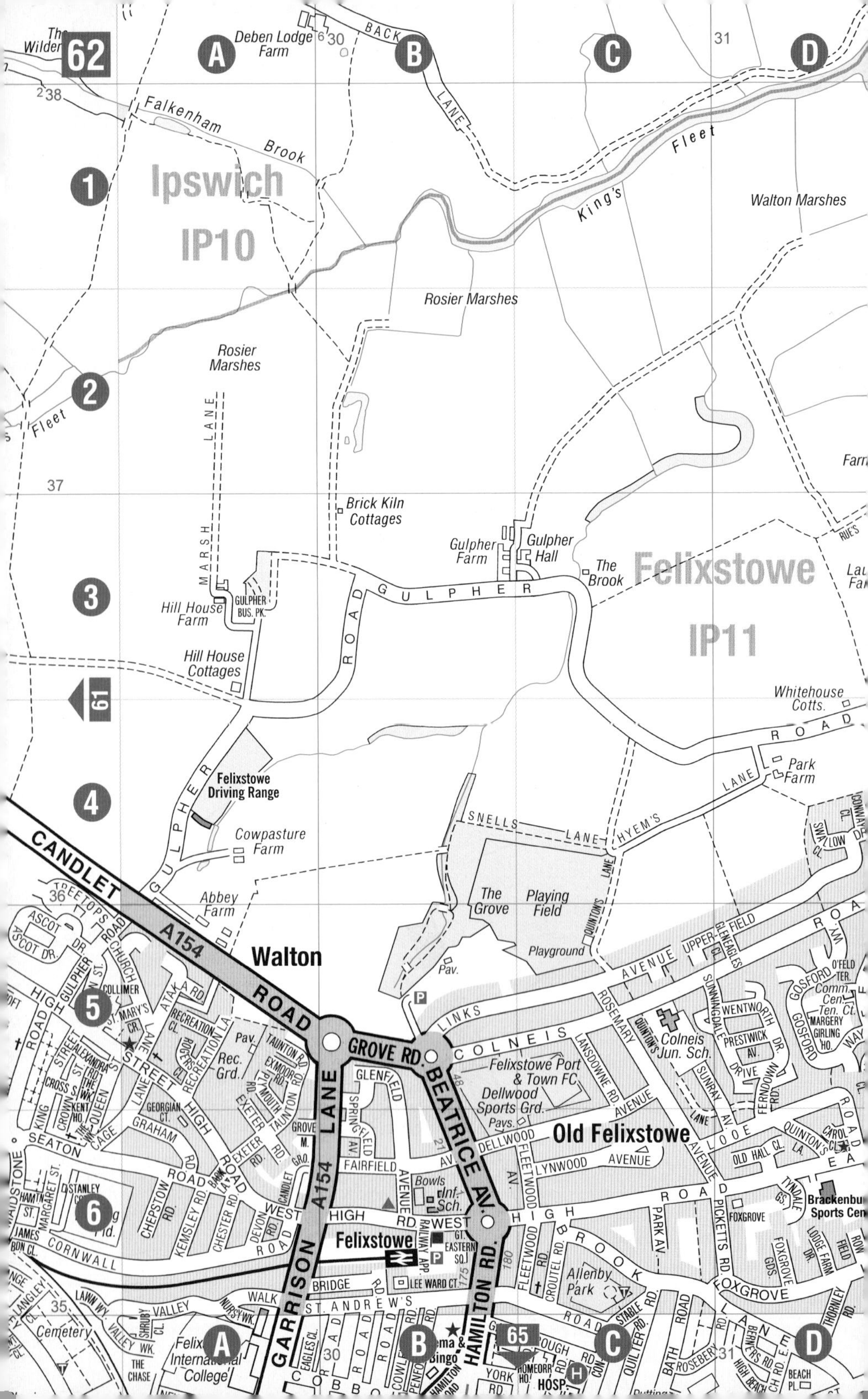

62
A
B
C
D
1
2
3
4
5
6
61
65
Deben Lodge Farm
BACK LANE
Falkenham Brook
Ipswich
IP10
King's Fleet
Fleet
Walton Marshes
Rosier Marshes
Rosier Marshes
MARSH LANE
Brick Kiln Cottages
Gulpher Farm
Gulpher Hall
The Brook
Felixstowe
IP11
GULPHER ROAD
GULPHER BUS. PK.
Hill House Farm
Hill House Cottages
Whitehouse Cotts.
ROAD
Park Farm
HYEM'S LANE
Felixstowe Driving Range
Cowpasture Farm
SNELLS LANE
QUINTON'S LANE
The Grove
Playing Field
Playground
Abbey Farm
CANDLET A154 ROAD
Walton
Pav.
UPPER AVENUE
FIELD ROAD
LINKS AVENUE
GROVE RD.
COLNEIS ROAD
BEATRICE AV.
GARRISON A154 LANE
HAMILTON RD.
Colneis Jun. Sch.
Felixstowe Port & Town FC
Dellwood Sports Grd.
Old Felixstowe
Rec. Grd.
HIGH STREET
HIGH ROAD
HIGH RD. WEST
Felixstowe
Bowls
Inf. Sch.
Allenby Park
BROOK LANE
FOXGROVE
Brackenbury Sports Centre
Comm. Cen.
Ten. Ct.
MARGERY GIRLING HO.
WENTWORTH DR.
PRESTWICK AV.
SUNRAY AV.
FERNDOWN RD.
ROSEMARY AVENUE
LANSDOWNE RD.
DELLWOOD AVENUE
LYNWOOD AVENUE
FLEETWOOD AV.
PICKETTS RD.
PARK AV.
CORNWALL ROAD
SEATON ROAD
VALLEY WALK
ST. ANDREW'S ROAD
BRIDGE ROAD
LEE WARD CT.
Cemetery
Felixstowe International College
THE CHASE
Cinema & Bingo
HOSP.
YORK RD.
BATH ROAD
QUILTER RD.
STABLE RD.
CROUTEL RD.
36
37
38
35
30
31

E
F
G
H
32
33
38
37
36
35
1
2
3
4
5
6
Woodbridge
IP12
Holmhill Farm
Horse Sands
Slipway
Jetty
Bawdsey Ferry (Foot)
Sports Ground
Quay Cottages
Bawdsey Manor
Ferry Boat Yard
Felixstowe Marshes
Felixstowe Ferry
HARBOUR VILLAS
Woodbridge Haven
Martello Tower
The Knolls
Rue's Farm
LANE
Journeys End
FELIXSTOWE FERRY GOLF COURSE
FERRY ROAD
KINGSFLEET GOLF COURSE
Fleet House
Fleet House Corner
East End Farm
Club House
BRINKLEY WY.
BAWDSEY CL.
RUSHMEADOW
ESTUARY DR.
WESTMORLAND
WRENS PK.
WHINYARD WY.
WALNUT CL.
EASTCLIFF
CONISTON CL.
ULLSWATER
RYDAL AV.
KENDAL GRN.
STUART CL.
AVENUE
WESTERN
ENNERDALE CL.
LANGDALE CL.
BUTTERMERE GRN.
CUMBERLAND CL.
THIRLMERE CT.
GRASMERE AV.
THE PINES
FRIARS CL.
BISHOPS CL.
MONKS CL.
ROMAN WAY
DEACON CL.
DUKES CL.
CASTLE CL.
BARONS CL.
CLIFF CT.
NORMAN CL.
AVENUE
ROAD
MARTELLO PLACE
Cobbolds Point
NORTH SEA

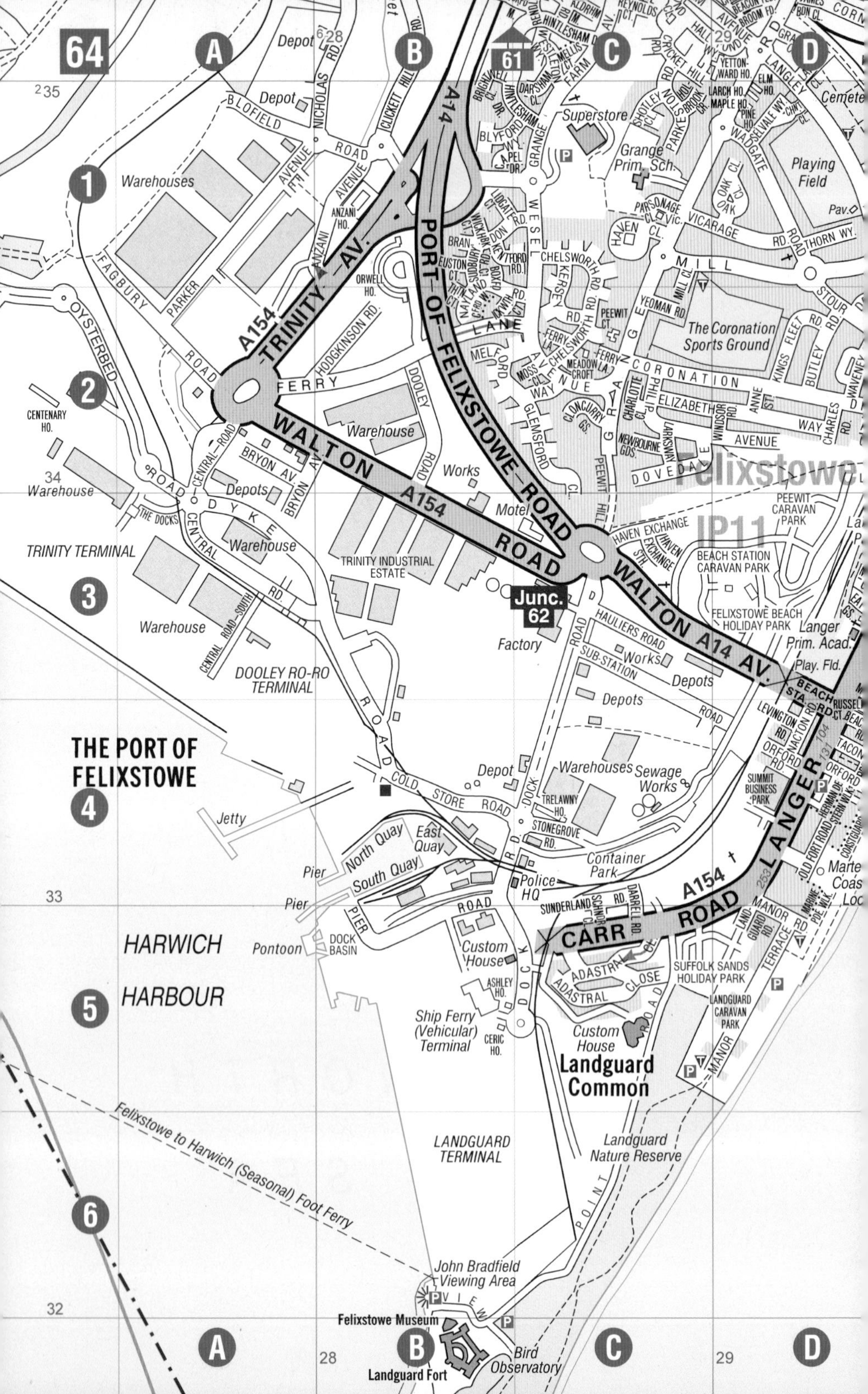

THE PORT OF FELIXSTOWE
HARWICH HARBOUR
TRINITY TERMINAL
DOOLEY RO-RO TERMINAL
LANDGUARD TERMINAL
Landguard Common
Landguard Nature Reserve
Felixstowe
IP11
Felixstowe Museum
Landguard Fort
Bird Observatory
John Bradfield Viewing Area
Felixstowe to Harwich (Seasonal) Foot Ferry
TRINITY AV.
A154
WALTON ROAD
PORT OF FELIXSTOWE ROAD
A14
WALTON A14 AV.
CARR ROAD
LANGER ROAD
Junc. 62
61
Warehouses
Warehouse
Depot
Depots
Works
Motel
Factory
TRINITY INDUSTRIAL ESTATE
Container Park
Police HQ
Custom House
Ship Ferry (Vehicular) Terminal
North Quay
South Quay
East Quay
Pier
Pontoon
DOCK BASIN
Jetty
Sewage Works
Superstore
Grange Prim. Sch.
Playing Field
The Coronation Sports Ground
BEACH STATION CARAVAN PARK
FELIXSTOWE BEACH HOLIDAY PARK
PEEWIT CARAVAN PARK
Langer Prim. Acad.
SUFFOLK SANDS HOLIDAY PARK
LANDGUARD CARAVAN PARK
SUMMIT BUSINESS PARK

Felixstowe
62
E
F
G
H
Allenby Park
BROOK LANE
FOXGROVE
Cobbolds Point
1
2
3
4
5
6
35
34
33
32
30
31
Felixstowe International College
Cinema & Bingo
HOSP
MIU
Putting Grn.
Tennis Courts
ST. ANDREW'S ROAD
GAINSBOROUGH RD.
CONSTABLE RD.
QUILTER ROAD
BATH RD.
ROSEBERY RD.
HIGH BEACH
BEACH RD. E.
BEACH PL.
MAYBUSH LANE
THORNLEY RD.
UNDERCLIFF ROAD EAST
BATH HILL
Cliff Gardens
HAMILTON ROAD
A1021
A154
GARRISON ROAD
ORWELL RD.
UNDER-CLIFF RD. W.
B1082
The Spa Pavilion Theatre
FELIXSTOWE
Felixstowe Leisure Centre
Model Yacht Pond
Children's Playground
Model Railway
Electric Car Track
Felixstowe Snooker & Pool Club
NORTH SEA

INDEX

Including Streets, Places & Areas, Hospitals etc., Industrial Estates, Selected Flats & Walkways, Junction Names, Stations and Selected Places of Interest.

HOW TO USE THIS INDEX

1. Each street name is followed by its Postcode District, then by its Locality abbreviation(s) and then by its map reference; e.g. **Acton Rd.** IP8: B'ford . . . .5B **26** is in the IP8 Postcode District and the Bramford Locality and is to be found in square 5B on page **26**. The page number is shown in bold type.

2. A strict alphabetical order is followed in which Av., Rd., St., etc. (though abbreviated) are read in full and as part of the street name; e.g. **Broadmere Rd.** appears after **Broad Mdw.** but before **Broad Oke**

3. Streets and a selection of flats and walkways that cannot be shown on the mapping, appear in the index with the thoroughfare to which they are connected shown in brackets; e.g. **Albert Wlk.** *IP11: Felix . . . .1F **65** (off Hamilton Rd.)*

4. Addresses that are in more than one part are referred to as not continuous.

5. Places and areas are shown in the index in **BLUE TYPE** and the map reference is to the actual map square in which the town centre or area is located and not to the place name shown on the map; e.g. **BENTLEY 5H 51**

6. An example of a selected place of interest is **Clifford Road Air Raid Shelter Mus. 4E 37**

7. Example of stations are; **Derby Road Station (Rail) . . . .5F 37; Ipswich Bus Station . . . .3D 4 (4B 36); London Road (Park & Ride) . . . .1B 42.**

8. Junction names are shown in the index in **BOLD CAPITAL TYPE**; e.g. **CAPEL ST MARY INTERCHANGE 2F 51**

9. An example of a Hospital, Hospice or selected Healthcare facility is **FELIXSTOWE COMMUNITY HOSPITAL 1G 65**

10. Map references for entries that appear on large scale pages **4** & **5** are shown first, with small scale map references shown in brackets; e.g. **Ainslie Rd.** IP1: Ips 1A **4** (3H **35**)

GENERAL ABBREVIATIONS

All. : Alley
App. : Approach
Av. : Avenue
Blvd. : Boulevard
Bri. : Bridge
Bus. : Business
Cvn. : Caravan
Cen. : Centre
Chu. : Church
Circ. : Circle
Cl. : Close
Comn. : Common
Cnr. : Corner
Cotts. : Cottages
Ct. : Court
Ctyd. : Courtyard
Cres. : Crescent
Cft. : Croft
Dr. : Drive
E. : East
Ent. : Enterprise
Est. : Estate
Fld. : Field
Flds. : Fields
Gdns. : Gardens
Ga. : Gate
Gt. : Great
Grn. : Green
Gro. : Grove
Hgts. : Heights
Ho. : House
Ho's. : Houses
Ind. : Industrial
Info. : Information
La. : Lane
Lit. : Little
Lwr. : Lower
Mkt. : Market
Mdw. : Meadow
Mdws. : Meadows
M. : Mews
Mt. : Mount
Mus. : Museum
Nth. : North
Pk. : Park
Pl. : Place
Res. : Residential
Ri. : Rise
Rd. : Road
Shop. : Shopping
Sth. : South
Sq. : Square
Sta. : Station
St. : Street
Ter. : Terrace
Trad. : Trading
Up. : Upper
Va. : Vale
Vw. : View
Vs. : Villas
Vis. : Visitors
Wlk. : Walk
W. : West
Yd. : Yard

LOCALITY ABBREVIATIONS

Akenham: IP6 . . . . .Aken
Aldham: IP7 . . . . .Aldh
Badley: IP6 . . . . .Badl
Barham: IP6 . . . . .B'hm
Barking: IP6 . . . . .Bark
Battisford: IP14 . . . . .Batt
Bawdsey: IP12 . . . . .Bawd
Baylham: IP6 . . . . .Bay
Belstead: IP8 . . . . .Bels
Bentley: IP9 . . . . .Bntly
Bramford: IP8 . . . . .B'ford
Brantham: CO11 . . . . .Brant
Bredfield: IP13 . . . . .Bred
Brightwell: IP10 . . . . .Brigh
Bromeswell: IP12 . . . . .B'well
Bucklesham: IP10 . . . . .Buck
Burgh: IP13 . . . . .Burg
Campsea Ashe: IP13 . . . . .Cam A
Capel St Mary: IP9 . . . . .Cap M
Cattawade: CO11 . . . . .Catt
Chelmondiston: IP9 . . . . .C'ton
Claydon: IP6 . . . . .Clay
Coddenham: IP6 . . . . .Cod
Combs: IP14 . . . . .Comb
Copdock: IP8 . . . . .Cop
Creeting St Mary: IP6 . . . . .C Mary
Creeting St Peter: IP6 . . . . .C Pet
Culpho: IP6 . . . . .Culp
Dedham: CO7 . . . . .Ded
East Bergholt: CO7 . . . . .E Ber
Easton: IP13 . . . . .E'ton
Erwarton: IP9 . . . . .Erw
Eyke: IP12 . . . . .Eyk
Falkenham: IP10 . . . . .Falk
Felixstowe: IP11 . . . . .Felix
Foxhall: IP3,IP10 . . . . .Foxh
Freston: IP9 . . . . .Frest
Great Bealings: IP13 . . . . .Gt Bea
Great Blakenham: IP6 . . . . .Gt Bla
Great Finborough: IP14 . . . . .Gt Fin
Great Wenham: CO7 . . . . .Gt Wen
Grundisburgh: IP13 . . . . .Gru
Hacheston: IP13 . . . . .Hach
Hadleigh: IP7 . . . . .Hadl'gh
Harkstead: IP9 . . . . .Hark
Hasketon: IP13 . . . . .Hask
Haughley: IP14 . . . . .Haug
Henley: IP6 . . . . .Hen
Higham: CO7 . . . . .High'm
Holbrook: IP9 . . . . .Holb
Holton St Mary: CO7 . . . . .Hol M
Ipswich: IP1-2,IP3,IP4,IP8 . . . . .Ips
Kersey: IP7 . . . . .Ker
Kesgrave: IP5,IP13 . . . . .Kesg
Langham: CO7 . . . . .L'ham
Layham: IP7 . . . . .Lay
Letheringham: IP13 . . . . .Leth
Levington: IP10 . . . . .Levi
Little Bealings: IP13 . . . . .L Bea
Little Blakenham: IP8 . . . . .L Bla
Little Wenham: CO7 . . . . .L Wen
Lower Hacheston: IP13 . . . . .L Hac
Martlesham: IP5,IP12 . . . . .Martl
Martlesham Heath: IP5 . . . . .Martl H
Melton: IP12,IP13 . . . . .M
Nacton: IP10 . . . . .N
Needham Market: IP6 . . . . .Nee
Newbourne: IP12 . . . . .Ne
Old Newton: IP14 . . . . .Ol
Onehouse: IP14 . . . . .O
Pettistree: IP13 . . . . .P
Playford: IP6 . . . . .P
Purdis Farm: IP3 . . . . .Pu
Rushmere St Andrew: IP4,IP5 . . . . .Rus
Shotley: IP9 . . . . .S
Shotley Gate: IP9 . . . . .Sho
Sproughton: IP8 . . . . .S
Stowmarket: IP14 . . . . .Sto
Stowupland: IP14 . . . . .Sto
Stratford St Mary: CO7 . . . . .Stra
Stutton: IP9 . . . . .S
Sutton: IP12 . . . . .S
Swilland: IP6 . . . . .S
Tattingstone: IP9 . . . . .
Trimley St Martin: IP11 . . . . .T M
Trimley St Mary: IP11 . . . . .T M
Tuddenham: IP6 . . . . .
Ufford: IP13 . . . . .
Waldringfield: IP12 . . . . .W
Washbrook: IP8 . . . . .Wa
Westerfield: IP6 . . . . .We
Wherstead: IP2,IP9 . . . . .W
Wickham Market: IP13 . . . . .Wick
Witnesham: IP6 . . . . .W
Wolverstone: IP9 . . . . .W
Woodbridge: IP12 . . . . .Wo

A

B

Beatrice Av. IP11: Felix 5B 62
Beatrice Cl. IP3: Ips 6F 37
Beatty Rd. IP3: Ips 1G 45
Beaufort St. IP1: Ips 2H 35
Beaumont Way
IP14: Stowm 6B 6
Becketts, The IP14: Stowm 3B 6
Bedford St. IP1: Ips 1B 4 (3A 36)
Beech Cl. IP8: Spro 3B 34
Beechcroft Rd. IP1: Ips 6G 27
Beeches, The IP3: Ips 5H 5 (5E 37)
IP6: Clay 5D 16
Beech Gdns. IP5: Rush A 2C 38
Beech Gro. IP3: Ips 6E 37
IP5: Rush A 2C 38
Beech Ho. IP2: Ips 1E 43
Beech Rd. IP5: Rush A 2C 38
Beech Ter. IP14: Stowm 4D 6
Beech Way IP12: Wood 2G 33
Beechwood Dr. IP3: Pur F 1C 46
Beehive Cl. CO7: E Ber 2H 53
Belfry Rd. IP3: Ips 4C 46
Belgrave Cl. IP4: Ips 6D 28
Bell Barn La. IP5: Kesg 1F 39
Bell Cl. IP2: Ips 5D 4 (5B 36)
Belle Vue Rd. IP4: Ips 1H 5 (3D 36)
Bell La. IP2: Ips 5D 4 (5B 36)
IP5: Kesg 1E 39
Bell M. IP7: Hadl'gh 3E 49
Bell's Cross Rd. IP6: B'hm 1G 17
Belmont Rd. IP2: Ips 1D 42
IP8: Ips 1D 42
BELOW CHURCH 1F 59
BELSTEAD 4D 42
Belstead Av. IP2: Ips 6B 4, 6C 4 (6A 36)
Belstead Rd. IP2: Ips 6A 4 (2F 43)
Belvedere Ct. IP4: Ips 2E 37
Belvedere Rd. IP4: Ips 1D 36
Benacre Rd. IP3: Ips 1F 45
Benezet St. IP1: Ips 1A 4 (3A 36)
Bennett Rd. IP1: Ips 1E 35
Bentham La. IP12: Wood 5H 23
Bent Hill IP11: Felix 2F 65
Bent La. IP4: Rush A 1B 38
BENTLEY 5H 51
Bentley Hall Rd. IP9: Cap M, Bntly 1F 51
Bentley La. IP8: Bels 6C 42
IP9: Stut 4A 56
Bentley Rd. IP1: Ips 5D 26
IP9: Cap M 2F 51
BENTON END 5F 49
Benton St. IP7: Hadl'gh, Lay 4E 49
Beresford Dr. IP12: Wood 4G 23
Bergholt Rd. CO11: Brant 6E 55
IP9: Bntly 1F 55
Berkeley Cl. IP4: Ips 6D 28
Bermuda Rd. IP3: Ips 4B 46
Bernard Cres. IP3: Ips 1G 45
Berners Fld. IP9: Holb 2G 57
Berners La. IP9: C'ton 2A 58
Berners Rd. IP11: Felix 1H 65
Berners St. IP1: Ips 1B 4 (3A 36)
Berry Cl. IP3: Pur F 2C 46
Beta Ter. IP3: Ips 2B 46
Betts Av. IP5: Martl H 2C 40
Betts Cl. IP7: Hadl'gh 2E 49
Beverley Ct. IP4: Ips 1F 5 (3C 36)
Beverley Rd. IP4: Ips 1E 37
Bibb Way IP1: Ips 3A 4 (4H 35)
Bilberry Rd. IP3: Ips 4H 45
Bildeston Gdns. IP4: Ips 6C 28
Bildeston Rd. IP14: Comb 5A 8
Billy's La. CO7: Strat M 3C 52
Bilney Rd. IP12: Wood 6F 23
Binyon Cl. IP14: Stowm 3C 6
Birch Cl. IP12: Wood 2G 33
IP13: Wick M 5F 13
IP14: Stowu 3G 7
Birchcroft Rd. IP1: Ips 5A 28
Birch Dr. CO11: Brant 4G 55
Birch Gro. IP5: Martl H 3C 40
Birchwood Dr. IP5: Rush A 6B 30
Birdsfield Cotts. IP6: Aken 1B 28
Birkfield Cl. IP2: Ips 5H 35
Birkfield Dr. IP2: Ips 2F 43
Birkfield Gdns. IP2: Ips 6G 35
(off Emmanuel Cl.)
Bishop M. IP8: Ips 1C 42
Bishops Cl. IP11: Felix 5E 63
Bishopsgarth IP3: Ips 5H 5 (5E 37)
Bishop's Hill IP3: Ips 5H 5 (5D 36)
Bittern Cl. IP2: Ips 6F 35
Bixley Dr. IP4: Rush A 4B 38
BIXLEY HEATH 6A 38
Bixley La. IP4: Rush A 4B 38
Bixley Rd. IP3: Ips 6H 37
Black Arches IP8: Ips 3F 43
(off Ellenbrook Rd.)
Black Barns IP11: T Mary 4F 61
Blackbird Way IP14: Stowm 5G 7
Blackbrook Hill CO7: Ded, L'ham 6A 52
Blackdown Av. IP5: Rush A 3C 38
Blackfriars Ct. IP4: Ips 3E 5 (4C 36)
Black Horse La. IP1: Ips 2C 4 (3B 36)
Black Horse Wlk. 2C 4
Blacksmiths Rd. IP13: Hask 4D 22
Blackthorn Cl. IP3: Pur F 2B 46
Blackthorns IP12: Newb 6H 41
Blacktiles La. IP12: Martl 5B 32
Bladen Dr. IP4: Rush A 4B 38
Blair Cl. IP4: Rush A 4B 38
Blake Av. IP9: Shot G 5G 59
Blake Rd. IP1: Ips 4G 27
IP14: Stowm 4B 6
Blakes Cl. IP12: Melt 4B 24
Blanche St. IP4: Ips 2F 5 (3C 36)
Blandford Rd. IP3: Ips 6A 38
Blenheim Cl. CO11: Brant 4G 55
Blenheim Ct. IP1: Ips 2H 35
(off Beaufort St.)
Blenheim Rd. IP1: Ips 2H 35
Blickling Cl. IP2: Ips 1A 44
Blofield Rd. IP11: Felix 1A 64
Bloomfield Ct. IP5: Kesg 1H 39
Bloomfield St. IP4: Ips 3G 37
Blue Barn Cl. IP11: T Mart 1D 60
Blue Barn La. IP6: Gt Bla 5A 16
Bluebell Cl. IP2: Ips 5F 35
Bluebell Gro. IP6: Nee M 5D 10
BLUEBIRD LODGE HOSPITAL 4A 46
Bluegate La. IP9: Cap M 4D 50
Blueleighs Pk. IP6: Gt Bla 3A 16
Bluestem Rd. IP3: Ips 3A 46
Bluetail Cl. IP14: Stowm 4G 7
Blundells, The IP10: Buck 6H 47
Blyford Way IP11: Felix 1B 64
Blyth Cl. IP2: Ips 2H 43
Boatman Cl. IP8: Ips 3F 43
(off Marbled White Dr.)
Bobbits La. IP8: Ips 3F 43
IP9: Wher 4G 43
Bodiam Cl. IP3: Ips 5A 38
Bodiam Rd. IP3: Ips 5A 38
Bodmin Cl. IP5: Kesg 3D 38
Bolton La. IP4: Ips 1E 5 (3C 36)
Bond's Corner IP13: Gru 1C 20
Bond St. IP4: Ips 3F 5 (4C 36)
IP14: Stowm 4D 6
Bonnington Rd. IP3: Ips 2E 45
Bonny Cres. IP3: Ips 3H 45
Booth Ct. IP1: Ips 2A 4 (3A 36)
Booth La. IP5: Kesg 1H 39
BOOT STREET 1F 31
Boot St. IP13: Gt Bea 1F 31
Border Cot La. IP13: Wick M 4F 13
Borrett Pl. IP12: Wood 2E 33
Borrowdale Av. IP4: Ips 6C 28
Bosmere Ct. IP6: Nee M 4D 10
Boss Hall Bus. Pk. IP1: Ips 2F 35
Boss Hall Rd. IP1: Ips 2E 35
Bostock Rd. IP2: Ips 2B 44
Boston Rd. IP4: Ips 2E 37
Boswell La. IP7: Hadl'gh 2E 49
Boulge Rd. IP13: Burg 1H 21
IP13: Hask 3C 22
Boulters Cl. IP14: Stowm 5B 6
Boulters Way IP14: Stowm 5B 6
Bourchier Cl. IP7: Hadl'gh 3F 49
Bourne Hill IP2: Wher 4A 44
Bourne Pk. Res. Pk. IP2: Ips 2A 44
Bourne Ter. IP2: Wher 3A 44
Bowland Dr. IP8: Ips 2D 42
Bowthorpe Cl. IP1: Ips 2A 36
Bowyer Cl. IP6: B'hm 2C 16
Boxford Cl. IP14: Stowm 2E 9
Boxford Ct. IP11: Felix 1B 64
Boxhouse La. CO7: Ded 6A 52
(not continuous)
Boydlands IP9: Cap M 2D 50
Boysenberry Wlk. IP3: Ips 4H 45
(off Sloeberry Rd.)
Boyton Hall Dr. IP14: Stowm 2A 8
Boyton Rd. IP3: Ips 3G 45
Bracken Av. IP5: Kesg 1H 39
Brackenbury Cl. IP1: Ips 1A 36
Brackenbury Sports Cen. 6D 62
Brackenhayes Cl. IP2: Ips 6A 36
Brackley Cl. IP11: Felix 6G 61
Bradfield Av. IP7: Hadl'gh 2E 49
Bradfield Cres. IP7: Hadl'gh 2E 49
Bradford Ct. IP5: Martl H 3B 40
Bradley St. IP2: Ips 6D 4 (5B 36)
Braeburn Cl. IP4: Ips 2D 3
Bramble Dr. IP3: Pur F 2B 4
Bramblewood IP8: Ips 1D 4
Brambling Cl. IP14: Stowm 6G
BRAMFORD 5B 2
Bramford Ct. IP14: Stowm 1E
Bramford La. IP1: Ips 6E 2
Bramford Pl. IP1: Ips 1F 3
Bramford Rd. IP1: Ips 1A 4 (6C 2
IP6: Gt Bla 4A 1
IP8: B'ford 6D 2
Bramhall Cl. IP2: Ips 2E 4
Bramley Chase IP4: Ips 2G 3
Bramley Hill IP4: Ips 1H 5 (2D 3
Brandon Rd. IP11: Felix 1B 6
Bransby Gdns. IP4: Ips 2D 3
BRANTHAM 4G 5
Brantham Hill CO11: Catt, Brant 6F 5
Brantham Mill Ind. Est. CO11: Brant 6D 5
Brazier's Wood Rd. IP3: Ips 3G 4
Brecon Cl. IP2: Ips 1A 4
Bredfield Cl. IP11: Felix 6G 6
Bredfield Rd. IP12: Wood 4G 2
Bredfield St. IP12: Wood 6G 2
Brendon Dr. IP5: Rush A 3C 3
Brett Av. IP7: Hadl'gh 2F 4
Brett Cl. IP1: Ips 1F 3
Brettenham Cres. IP4: Ips 6C 2
Bretts, The IP5: Kesg 1H 3
Breydon Way IP3: Ips 4A 4
Briardale IP4: Ips 3E 3
Briarhayes Cl. IP2: Ips 6A 3
Briarwood Rd. IP12: Wood 2F 3
Brick Dr. IP6: Gt Bla 4B 1
Brickfield Cl. IP2: Ips 6E 5 (6B 3
Brickfields, The IP14: Stowm 5C
Brick Kiln IP6: Nee M 4B 1
Brick Kiln Cl. IP11: T Mart 2D 6
Brick Kiln La. IP12: Melt 4D 2
Brick Kiln Rd. IP9: Hark 6A 5
Brickmakers Ct. IP11: T Mart 1D 6
Bridewell Wlk. IP12: Wood 6G 2
Bridge Bus. Cen. IP12: Martl 3D 3
Bridge Pl. CO11: Catt 6F 5
Bridge Rd. IP11: Felix 6B 6
IP12: B'well 2G 2
Bridge St. IP1: Ips 4D 4 (4B 3
IP6: Nee M 3D 1
IP7: Hadl'gh 2D 4
IP14: Stowm 6E
(not continuou
Bridge Trad. Est. IP6: Gt Bla 4C 1
Bridge Vw. IP3: Ips 2E 4
Bridgewood Rd. IP12: Wood 6F 2
Bridgwater Rd. IP2: Ips 1E 4
Bridle Way IP1: Ips 1B 3
Bridport Av. IP3: Ips 6A 3
Brights Wlk. IP5: Kesg 2H 3
BRIGHTWELL 6C 4
Brightwell Cl. IP11: Felix 1B 6
Brimstone Rd. IP8: Ips 3F 4
Brinkley Way IP11: Felix 4E 6
Brisbane Rd. IP4: Ips 3A 3
Briscoe Ter. IP12: Wood 6F 2
Bristol Hill IP9: Shot G 6H 5
Bristol Hill Pk. IP9: Shot G 6H 5
Bristol Rd. IP4: Ips 2F 3
Britannia Rd. IP4: Ips 3G 3
Britten Av. IP14: Stowm 4C
Broadhurst Ter. IP5: Kesg 2H 3
(off Hartree Wa
Broadlands Way IP4: Rush A 4C 3
Broad Mdw. IP8: Ips 1D 4
Broadmere Rd. IP1: Ips 1F 3
Broad Oke IP1: Ips 2A 4 (3A 3
Broad Rd. IP13: Wick M 4E 1
Broadwater Gdns. IP9: Shot G 6G 5
Broadway IP13: Wick M 4E 1
Broadway La. IP1: Ips 5F 2
Broadway Vs. IP1: Ips 5F 2
(off Broadway La
Brock La. IP12: Martl 3D 3
Brockley Cres. IP1: Ips 6E 2
Broke Av. IP8: B'ford 5C 2
BROKE HALL 4C 3
Broke Hall Gdns. IP3: Ips 5A 3
Broke Hall Ho. IP3: Ips 6A 3
BROMESWELL 3F 2
Bromeswell Green Nature Reserve 4E 2
Bromeswell Rd. IP4: Ips 6D 2
Bromley Cl. IP2: Ips 6B 3
Brook Cl. IP14: Stowm 4B
Brooke Way IP14: Stowm 3B
Brook Farm La. IP9: Holb 2E 5
Brookfield Rd. IP1: Ips 1G 3
Brookhill Way IP4: Rush A 5C 3

rookhouse Bus. Pk. IP2: Ips ... 3G 35
rooklands Ri. CO11: Brant ... 6G 55
rooklands Rd. CO11: Brant ... 6F 55
rook La. IP6: Play ... 3D 30
IP9: Cap M ... 1B 50
IP10: Falk ... 1G 61
IP11: Felix ... 6C 62
rooks Hall Rd. IP1: Ips ... 2H 35
rook St. CO7: Ded ... 6E 53
IP12: Wood ... 6H 23
rookview IP8: Ips ... 2F 43
room Cres. IP3: Ips ... 2E 45
room Fld. IP11: Felix ... 6H 61
roomfield IP5: Martl H ... 2A 40
roomfield Comn. IP8: Spro ... 3C 34
roomfield M. IP5: Martl H ... 2B 40
roomhayes IP2: Ips ... 1H 43
roomheath IP12: Wood ... 2F 33
ROOM HILL
IP8 ... 2C 26
IP12 ... 2E 33
roomhill IP9: Holb ... 2F 57
room Hill Nature Reserve ... 4D 48
room Hill Rd. IP1: Ips ... 1H 35
room Knoll CO7: E Ber ... 3F 55
roomspath Rd. IP14: Stowu ... 3G 7
roomvale Bus. Pk. IP8: L Bla ... 6B 16
roomwade Cl. IP2: Ips ... 4H 35
room Way IP9: Cap M ... 1E 51
rotherton Av. IP11: T Mary ... 3F 61
roughton Rd. IP1: Ips ... 2A 36
rowning Rd. CO11: Brant ... 6F 55
IP1: Ips ... 4G 27
rownlow Rd. IP11: Felix ... 1G 65
rownrigg Wlk. *IP2: Ips* ... *6C 36*
(off Jamestown Blvd.)
rownsea Ct. *IP5: Kesg* ... *2H 39*
(off Ropes Dr.)
rowns Gro. IP5: Kesg ... 2G 39
ruff Rd. IP2: Ips ... 6B 36
runel Rd. IP2: Ips ... 3F 35
runswick Rd. IP4: Ips ... 1E 37
ryon Av. IP11: Felix ... 2A 64
uckenham Rd. IP7: Hadl'gh ... 5G 49
uckfast Cl. IP2: Ips ... 1H 43
uckingham Cl. IP12: Martl ... 5B 32
UCKLESHAM ... 5H 47
ucklesham Rd. IP3: Ips ... 1A 46
IP10: Buck, Foxh ... 2F 47
ucks Horn Pl. IP8: Bels ... 5D 42
uck's Horns La. IP8: Bels ... 4C 42
uddleia Cl. IP2: Ips ... 5F 35
ude Cl. IP5: Kesg ... 3D 38
ugsby Way IP5: Kesg ... 2H 39
ullard's La. IP12: Wood ... 6F 23
ull Dr. IP5: Kesg ... 3F 39
ullen Cl. IP8: B'ford ... 5B 26
ullen La. IP8: B'ford ... 6A 26
ullfinch Cl. IP14: Stowm ... 5G 7
ull Hall La. IP6: Witn ... 4G 19
ull Rd. IP3: Ips ... 5F 37
ull's Cliff IP11: Felix ... 2E 65
ull's Rd. IP6: B'hm ... 2F 17
ulstrode Rd. IP2: Ips ... 6E 5 (5C 36)
ulwer Rd. IP1: Ips ... 1A 4 (2H 35)
unting Rd. IP2: Ips ... 6E 35
untings, The IP14: Stowm ... 6H 7
unyan Cl. IP1: Ips ... 4H 27
uregate Rd. IP11: Felix ... 3E 65
ures Cl. IP14: Stowm ... 1E 9
urgess Pl. IP5: Martl H ... 2C 40
URGH ... 2H 21
urghley Cl. IP2: Ips ... 1H 43
urke Cl. IP1: Ips ... 4H 27
urke Rd. IP1: Ips ... 4G 27
urkitt Ho. IP12: Wood ... 6H 23
urkitt Rd. IP12: Wood ... 6G 23
urlingham Ho. IP2: Ips ... 6A 4 (5A 36)
urlington Rd. IP1: Ips ... 2A 4 (3A 36)
urls Yd. *IP6: Nee M* ... *3E 11*
(off Crown St.)
urnet Cl. IP8: Ips ... 3E 43
urnham Cl. IP4: Ips ... 3E 37
IP11: T Mary ... 4F 61
urns Dr. IP14: Stowm ... 3C 6
urns Rd. IP1: Ips ... 4F 27
urnt Oak CO7: E Ber ... 4A 54
urnt Oak Cnr. CO7: E Ber ... 4A 54
urrell Rd. IP2: Ips ... 5B 4 (5A 36)
urrows Rd. IP12: Melt ... 1B 24
urstall La. IP8: Spro ... 3A 34
urton Dr. IP6: Nee M ... 3C 10
urwash IP6: Witn ... 3F 19
urwood Pl. IP11: T Mary ... 3F 61
ury Hill IP12: Wood ... 4H 23
ury Hill Cl. IP12: Wood ... 4H 23
Bury Rd. IP1: Ips ... 3E 27
IP14: Stowm ... 1A 6
(not continuous)
Bury St. IP14: Stowm ... 5D 6
Bushey Cl. IP9: Cap M ... 2D 50
Bushman Gdns. IP8: B'ford ... 5B 26
Butchers La. IP9: Cap M ... 2E 51
Butler Smith Gdns. IP5: Kesg ... 2F 39
Butley Cl. IP2: Ips ... 3G 43
Butley Rd. IP11: Felix ... 2D 64
Buttercup Cl. IP8: Ips ... 2D 42
Butterfly Gdns. IP4: Rush A ... 4B 38
Butter Mkt. IP1: Ips ... 2D 4 (3B 36)
IP14: Stowm ... *5D 6*
(off Market Pl.)
Buttermarket Shop. Cen. ... 2D 4 (3B 36)
Buttermere Grn. IP11: Felix ... 5E 63
Buttrum's Mill ... 6F 23
Butts Rd. IP6: Play ... 2D 30
Buzzard Ri. IP14: Stowu ... 5H 7
Byford Ct. IP7: Hadl'gh ... 1F 49
Byford Wlk. IP4: Ips ... 2D 36
Bylam La. IP9: C'ton ... 3A 58
Byland Cl. IP2: Ips ... 1H 43
Byles Wlk. IP14: Stowm ... 5C 6
Byng Hall Rd. IP13: Petti, Uff ... 3B 14
Byng La. IP13: Petti ... 3B 14
Byron Cl. IP14: Stowm ... 3C 6
Byron Rd. IP1: Ips ... 3F 27

C

Cage La. IP11: Felix ... 6H 61
Cages Way IP12: Melt ... 1B 24
Caithness Cl. IP4: Ips ... 1G 37
Calais St. IP7: Hadl'gh ... 3E 49
Calder Rd. IP12: Melt ... 1B 24
Caledonia Rd. IP9: Shot G ... 6H 59
CALIFORNIA
IP4 ... 3F 37
IP13 ... 6B 12
California IP12: Wood ... 2E 33
Callisto Ct. IP1: Ips ... 2E 35
Camberley Rd. IP4: Ips ... 2A 38
Camborne Rd. IP5: Kesg ... 2E 39
Cambria, The *IP4: Ips* ... *4E 5*
(off Key St.)
Cambridge Dr. IP2: Ips ... 1G 43
Cambridge Rd. IP5: Kesg ... 1D 38
IP11: Felix ... 1G 65
Camden Rd. IP3: Ips ... 5G 37
Camilla Ct. IP10: Nac ... 6E 47
Campbell Rd. IP3: Ips ... 1H 45
Campion Cres. IP14: Stowm ... 1C 8
Campion Rd. IP2: Ips ... 5G 35
Camwood Gdns. IP3: Ips ... 5G 37
Canberra Cl. IP4: Ips ... 3A 38
Candlet Gro. IP11: Felix ... 6A 62
Candlet Rd. IP11: Felix ... 4H 61
Canham St. IP1: Ips ... 2B 4 (3A 36)
Canterbury Cl. IP2: Ips ... 3G 43
Canterbury Gdns. IP7: Hadl'gh ... 3F 49
Capel Cl. IP11: T Mart ... 1E 61
Capel Dr. IP11: Felix ... 1B 64
Capelgrove IP9: Cap M ... 3C 50
Capel Hall La. IP11: T Mart ... 1F 61
Capel Rd. IP9: Bntly ... 4F 51
CAPEL ST MARY ... 2D 50
CAPEL ST MARY INTERCHANGE ... 2F 51
Carders Cl. IP7: Hadl'gh ... 5E 49
Cardew Drift IP5: Kesg ... 1G 39
Cardiff Av. IP2: Ips ... 2A 44
Cardigan St. IP1: Ips ... 2A 36
Cardinal Lofts IP4: Ips ... 4D 4
Cardinalls Rd. IP14: Stowm ... 4D 6
Cardinal Pk. IP1: Ips ... 4C 4 (4B 36)
Cardinals Ct. IP11: Felix ... 2F 65
Cardinal St. IP1: Ips ... 4C 4 (4B 36)
Carlford Cl. IP5: Martl H ... 1B 40
Carlford Ct. IP4: Ips ... 4G 37
Carlow M. IP12: Wood ... 6H 23
Carlton Rd. IP5: Kesg ... 2D 38
Carlton Wlk. IP7: Hadl'gh ... 5F 49
Carlton Way IP4: Ips ... 1D 36
Carlyle Cl. IP1: Ips ... 3G 27
Carmarthen Cl. IP2: Ips ... 2H 43
Carmelite Pl. IP12: Wood ... 1H 33
Carol Av. IP12: Martl ... 6B 32
Carolbrook Rd. IP2: Ips ... 2F 43
Carol Cl. IP11: Felix ... 6D 62
Carriage Cl. IP11: T Mary ... 3F 61
Carriers Ct. CO7: E Ber ... 2A 54
Carr Rd. IP11: Felix ... 5C 64
Carr St. IP4: Ips ... 2E 5 (3C 36)
Carthew Ct. IP12: Wood ... 1H 33
Case La. IP9: Bntly ... 4G 51
Castell Cl. IP13: Wick M ... 4F 13
Castle Cl. IP11: Felix ... 5E 63
Castle Ct. IP1: Ips ... 4H 27
Castle Gdns. IP5: Kesg ... 2G 39
CASTLE HILL ... 4A 28
Castle Hill IP12: Eyk ... 1H 25
Castle La. IP7: Hadl'gh ... 2D 48
Castle Ri. IP7: Hadl'gh ... 2D 48
Castle Rd. IP1: Ips ... 6F 27
IP7: Hadl'gh ... 2C 48
Castle St. IP12: Wood ... 6H 23
Catchpole Dr. IP5: Kesg ... 3F 39
Catchpoles Way IP3: Ips ... 3E 45
Catesbray IP9: Cap M ... 2C 50
Catherine Rd. IP12: Wood ... 6F 23
CATTAWADE ... 6F 55
Cattawade St. CO11: Catt ... 6F 55
Catts Cl. IP9: Stut ... 6B 56
Cattsfield IP9: Stut ... 6B 56
Cauldwell Av. IP4: Ips ... 3E 37
Cauldwell Hall Rd. IP4: Ips ... 2F 37
Causeway, The IP6: Bark, Nee M ... 6B 10
Cavan Rd. IP1: Ips ... 5E 27
Cavendish Gdns. IP11: T Mart ... 1E 61
Cavendish Rd. IP11: Felix ... 2E 65
IP11: T Mart ... 1D 60
IP14: Stowm ... 5B 6
Cavendish St. IP3: Ips ... 5H 5 (5D 36)
Caxton Cl. IP9: Holb ... 3F 57
Cecilia St. IP1: Ips ... 4C 4 (4B 36)
Cecil Rd. IP1: Ips ... 1B 4 (3A 36)
Cedar Av. IP5: Kesg ... 3D 38
Cedar Cl. CO11: Brant ... 4G 55
Cedarcroft Rd. IP1: Ips ... 5G 27
Cedar Ho. IP2: Ips ... 6H 35
Cedars La. IP9: Cap M ... 2C 50
Cedar Wlk. IP6: Nee M ... 3D 10
Celestion Dr. IP3: Ips ... 5G 37
Cemetery La. CO7: E Ber ... 3G 53
IP4: Ips ... 1D 36
IP12: Wood ... 1F 33
Cemetery Rd. IP4: Ips ... 1F 5 (3C 36)
Centenary Ho. IP11: Felix ... 2A 64
Central Av. IP3: Ips ... 3A 46
Central Maltings *IP12: Wood* ... *1H 33*
(off Crown Pl.)
Central Rd. IP11: Felix ... 2A 64
Central Rd. Sth. IP11: Felix ... 3A 64
Centre, The IP2: Ips ... 2H 43
Centrum Ct. IP2: Ips ... 5A 4
Century Dr. IP5: Kesg ... 2G 39
Ceric Ho. IP11: Felix ... 5B 64
Chaffinch Way IP14: Stowm ... 4F 7
Chainhouse Rd. IP6: Nee M ... 4D 10
Chalfont Sq. IP4: Ips ... 2E 5
Chalkeith Rd. IP6: Nee M ... 5E 11
Chalk Hill La. IP6: Gt Bla ... 3A 16
Chalk Hill Ri. IP6: Gt Bla ... 3A 16
Chalkners Cl. IP9: Cap M ... 2D 50
Chalon St. IP1: Ips ... 4B 4 (4A 36)
Chamberlain Way IP8: Ips ... 1C 42
Chancellor Wlk. IP4: Ips ... 4G 37
Chancery Rd. IP1: Ips ... 4A 4 (4A 36)
Chandler Ct. *IP5: Kesg* ... *2H 39*
(off Hartree Way)
Chandlers Wlk. IP14: Stowm ... 1D 8
Chandos Ct. IP12: Martl ... 5B 32
Chandos Dr. IP12: Martl ... 5B 32
CHANTRY ... 6F 35
Chantry Academy Sports Cen. ... 6G 35
Chantry Cl. IP2: Ips ... 5F 35
Chantry Grn. IP2: Ips ... 6E 35
Chantry Home Farm Pk. IP2: Ips ... 4F 35
Chantry M. IP2: Ips ... 4E 35
Chapel Cl. IP9: Cap M ... 2D 50
Chapel Fld. IP8: B'ford ... 5B 26
Chapel La. IP6: Gt Bla ... 5B 16
IP8: Bels ... 4D 42
IP8: Wash ... 2B 42
IP13: Gru ... 4G 21
IP13: Petti, Wick M ... 5F 13
IP14: Stowu ... 3H 7
Chapel M. IP4: Ips ... 1E 5
Chapel Rd. IP13: Gru ... 4G 21
Chapel St. IP12: Wood ... 6H 23
Chaplain Gdns. IP3: Ips ... 5H 37
Chaplin Rd. CO7: E Ber ... 2H 53
Chapman La. IP1: Ips ... 1B 4 (3A 36)
Charles Av. IP13: Gru ... 3F 21
Charles Ind. Est. IP14: Stowm ... 4E 7
Charles Rd. IP11: Felix ... 2D 64
Charles St. IP1: Ips ... 1C 4 (3B 36)
Charlotte Cl. IP11: Felix ... 2C 64
Charlotte's IP8: Wash ... 2A 42
Charlton Av. IP1: Ips ... 5G 27

F

Freehold Rd. IP4: Ips ... 3F **37**
IP6: Nee M ... 2C **10**
Freeman Av. IP6: Hen ... 2A **18**
Freeman Cl. IP7: Hadl'gh ... 2E **49**
Freston Hill IP9: Frest ... 6D **44**
Freston Rd. IP3: Ips ... 4H **45**
Friars IP9: Cap M ... 3E **51**
Friars Bri. Rd. IP1: Ips ... 3B **4** (4A **36**)
Friars Cl. IP11: Felix ... 5E **63**
Friars Ct. IP12: Melt ... 4B **24**
Friars Ctyd. ... 3C **4**
Friars Rd. IP7: Hadl'gh ... 3D **48**
Friars St. IP1: Ips ... 3C **4** (4B **36**)
Friends Wlk. IP5: Kesg ... 1G **39**
Fritillary Cl. IP8: Ips ... 3F **43**
Fritton Cl. IP2: Ips ... 2H **43**
Frobisher Rd. IP3: Ips ... 2D **44**
Frog Hall La. IP7: Hadl'gh ... 3F **49**
Frogs All. IP9: S'ly ... 1F **59**
ront Rd. IP3: Ips ... 3A **46**
uchsia La. IP4: Ips ... 4F **37**
ulham Way IP1: Ips ... 2G **35**
ullers Cl. IP7: Hadl'gh ... 3F **49**
ullers Fld. IP6: Weste ... 3D **28**
urness Cl. IP2: Ips ... 3G **43**
utura Pk. ... 2A **46**
uzz Nature Reserve, The ... 5G **49**
ynn La. IP6: Tud ... 2H **29**
ynn Rd. IP12: Wood ... 2E **33**
ynn Valley Golf Course ... 6F **19**

G

aell Cres. IP7: Hadl'gh ... 4E **49**
AINSBOROUGH ... 1G **45**
ainsborough La. IP3: Ips ... 3E **45**
ainsborough Rd. IP4: Ips ... 1C **36**
IP11: Felix ... 1F **65**
IP14: Stowm ... 5B **6**
ainsborough Sports & Community Cen. ... 3G **45**
ala Bingo
Ipswich ... 4G **35**
allows Hill IP7: Hadl'gh ... 2D **48**
allows Hill Rd. IP7: Hadl'gh ... 2C **48**
alway Av. IP1: Ips ... 6F **27**
amma Ter. IP3: Ips ... 2B **46**
andish Cl. CO7: E Ber ... 4A **54**
andish Rd. CO7: E Ber ... 4A **54**
anges Rd. IP9: Shot G ... 6G **59**
annet Rd. IP2: Ips ... 6F **35**
anymede Cl. IP1: Ips ... 2E **35**
arden Cl. IP9: S'ly ... 3E **59**
arden Fld. IP11: Felix ... 6H **61**
arfield Cl. IP11: Felix ... 2E **65**
arfield Rd. IP11: Felix ... 2E **65**
arland Cl. IP3: Ips ... 1H **45**
arrards, The IP5: Kesg ... 3E **39**
arrick Way IP1: Ips ... 4H **27**
arrison La. IP11: Felix ... 2E **65**
arrod App. IP12: Melt ... 1B **24**
arrods IP9: Cap M ... 2E **51**
ascoigne Dr. IP6: Hen ... 2A **18**
askell Pl. IP2: Ips ... 4H **35**
aston End CO7: E Ber ... 2H **53**
aston St. CO7: E Ber ... 3H **53**
atacre Rd. IP1: Ips ... 2H **35**
ate Farm Rd. IP9: Shot G ... 5H **59**
atekeeper Cl. IP8: Ips ... 3F **43**
aye St. IP1: Ips ... 1A **4** (3A **36**)
ayfer Av. IP5: Kesg ... 1A **40**
ayford Ct. IP7: Hadl'gh ... 4E **49**
aymers La. IP11: T Mary ... 3E **61**
enerals M. IP11: Felix ... 6G **61**
eneva Av. IP5: Martl H ... 1D **40**
eneva Rd. IP1: Ips ... 1B **4** (3A **36**)
eorge Frost Cl. IP4: Ips ... 2C **36**
eorge La. IP13: Wick M ... 5F **13**
eorge St. IP7: Hadl'gh ... 3E **49**
eorgian Ct. IP11: Felix ... 5A **62**
eralds Av. IP4: Ips ... 4F **37**
bbons St. IP1: Ips ... 3H **35**
bson Cl. IP3: Ips ... 1H **45**
fford Cl. IP9: Holb ... 2F **57**
ffords Cl. IP5: Kesg ... 1H **39**
ffords Pl. IP4: Rush A ... 3C **38**
lbert Cl. IP6: Nee M ... 3C **10**
les Ct. IP6: Clay ... 5D **16**
les Way IP6: Witn ... 4F **19**
ppeswyk Av. IP2: Ips ... 6A **4** (5H **35**)
ppeswyk Rd. IP2: Ips ... 6A **4** (5A **36**)
pping Ct. IP1: Ips ... 5B **4** (5A **36**)
pping Pl. IP14: Stowm ... 3D **6**
pping Rd. IP6: Gt Bla ... 4B **16**
IP14: Stowu ... 1H **7**
ppingstone Rd. IP8: B'ford ... 6B **26**

Gipping Way IP8: B'ford ... 5C **26**
IP8: Spro ... 3C **34**
IP14: Stowm ... 5D **6**
Gipsy La. IP6: Nee M ... 2C **10**
IP12: Wood ... 4H **23**
Gipsy Row CO7: Gt Wen ... 1A **50**
Girton Cl. IP12: Wood ... 1E **33**
Girton Way IP2: Ips ... 2G **43**
Gladstone Rd. IP3: Ips ... 4H **5** (4E **37**)
IP12: Wood ... 6H **23**
Glamorgan Rd. IP2: Ips ... 2A **44**
Glanville Pl. IP5: Kesg ... 3E **39**
Glanville Rd. IP7: Hadl'gh ... 5F **49**
Glastonbury Cl. IP2: Ips ... 2G **43**
Glebe Cl. IP8: Spro ... 3C **34**
Glebe End IP9: Cap M ... 1E **51**
Glebe Way IP6: B'hm ... 3D **16**
Glemham Dr. IP4: Rush A ... 5C **38**
Glemsford Cl. IP11: Felix ... 2C **64**
Glemsford Ct. *IP11: Felix* ... *2C **64***
(off Glemsford Cl.)
Glemsford Rd. IP14: Stowm ... 1E **9**
Glenavon Rd. IP4: Ips ... 2A **38**
Glencoe Rd. IP4: Ips ... 6H **29**
Gleneagles Cl. IP11: Felix ... 5D **62**
Gleneagles Dr. IP4: Ips ... 4A **38**
Glenfield Av. IP11: Felix ... 5B **62**
Glenhurst Av. IP4: Ips ... 1G **37**
Glevering Mill Golf Course ... 3D **12**
Gloster Rd. IP5: Martl H ... 2C **40**
Gloucester Ho. *IP11: Felix* ... *6H **61***
(off The Walk)
Gloucester Rd. IP3: Ips ... 1F **45**
Goals Soccer Cen.
Ipswich ... 3F **5** (4C **36**)
Gobbitts Yd. *IP12: Wood* ... *6H **23***
(off Thoroughfare)
Godbold Cl. IP5: Kesg ... 2G **39**
Goddard Rd. IP1: Ips ... 4D **26**
Goddard Rd. E. IP1: Ips ... 4E **27**
Godfrey's Wood IP12: Wood ... 5H **23**
Godspeed Gdns. IP2: Ips ... 6C **36**
Goldcrest Ct. IP2: Ips ... 6E **35**
Goldcrest Rd. IP2: Ips ... 6D **34**
Goldfinch Cl. IP14: Stowm ... 4F **7**
Goldsmith Rd. IP1: Ips ... 3F **27**
Golf Rd. IP11: Felix ... 6E **63**
Gonville Cl. IP12: Wood ... 1F **33**
Goodall Ter. IP5: Kesg ... 1H **39**
Goodman Gro. IP5: Kesg ... 2H **39**
Goodwood Cl. IP1: Ips ... 3A **28**
Goosander Rd. IP14: Stowm ... 5F **7**
Gordon Rd. IP4: Ips ... 2F **37**
Goring Rd. IP4: Ips ... 3G **37**
Gorsehayes IP2: Ips ... 6A **36**
Gorse Rd. IP3: Ips ... 1G **45**
Gosford Way IP11: Felix ... 5D **62**
Gospel Hall Cl. IP13: Wick M ... 4F **13**
Gostling Pl. IP5: Kesg ... 1H **39**
Gowers Cl. IP5: Kesg ... 2H **39**
Gower St. IP2: Ips ... 5D **4** (5B **36**)
Gowle Rd. IP14: Stowm ... 3C **6**
Goyfield Av. IP11: Felix ... 1E **65**
Grafton Way IP1: Ips ... 4B **4** (4A **36**)
Graham Av. IP1: Ips ... 1A **36**
Graham Rd. IP1: Ips ... 2H **35**
IP11: Felix ... 6A **62**
Granaries, The IP6: Tud ... 1H **29**
Granary, The *IP7: Hadl'gh* ... *4F **49***
(off Wilson Rd.)
Grange Bus. Cen. IP5: Kesg ... 2H **39**
Grange Cvn. Pk., The ... 2E **55**
Grange Cl. IP5: Kesg ... 1A **40**
IP11: Felix ... 6H **61**
Grange Ct. IP12: Melt ... 5A **24**
GRANGE FARM ... 2F **39**
Grange Farm Av. IP11: Felix ... 1C **64**
Grange La. IP5: Kesg ... 1A **40**
Grange Pk. Dr. IP12: Wood ... 5H **23**
Grange Rd. IP4: Ips ... 3H **5** (3D **36**)
IP11: Felix ... 2C **64**
Grannary, The IP4: Ips ... 4D **4**
Grantchester Pl. IP5: Kesg ... 2D **38**
Grantham Cres. IP2: Ips ... 6A **4** (5H **35**)
Grant Ri. IP12: Wood ... 5H **23**
Granville Rd. IP11: Felix ... 2E **65**
Granville St. IP1: Ips ... 1A **4** (3A **36**)
Grasmere Av. IP11: Felix ... 5E **63**
Grasmere Cl. IP3: Ips ... 2G **45**
Gravel Pit La. CO11: Brant ... 3G **55**
Grayling Rd. IP8: Ips ... 3F **43**
Grays Cl. IP7: Hadl'gh ... 2G **49**
GREAT BEALINGS ... 1H **31**
GREAT BLAKENHAM ... 3A **16**
Gt. Colman St. IP4: Ips ... 2E **5** (3C **36**)
Gt. Eastern Sq. IP11: Felix ... 6B **62**

Great Fld. IP11: T Mary ... 3F **61**
Gt. Gipping St. IP1: Ips ... 3B **4** (4A **36**)
Great Harlings IP9: Shot G ... 5G **59**
Great Tufts IP9: Cap M ... 2E **51**
GREAT WENHAM ... 1A **50**
Gt. Whip St. IP2: Ips ... 5D **4** (5C **36**)
Grebe Cl. IP2: Ips ... 1F **43**
IP14: Stowm ... 5A **6**
Green, The IP7: Hadl'gh ... 3F **49**
IP13: Gru ... 3F **21**
IP14: Stowu ... 2H **7**
Green Cres. IP10: Buck ... 6H **47**
Green Dr. IP10: Foxh ... 3H **47**
Greenfinch Av. IP2: Ips ... 6E **35**
Greenfinch Cl. IP14: Stowm ... 4F **7**
Greenford Way IP1: Ips ... 2G **35**
Green La. CO7: Strat M, High'm ... 2B **52**
IP6: Tud ... 3H **29**
IP6: Witn ... 4C **18**
IP12: Martl ... 5C **32**
IP13: Petti, Wick M ... 1F **15**
Green Man Way IP12: Melt ... 5A **24**
Green Oak Glade IP8: Ips ... 3E **43**
Greens, The IP4: Rush A ... 5C **38**
Greenspire Gro. IP8: Ips ... 2C **42**
Greenways Cl. IP1: Ips ... 1A **36**
GREENWICH ... 1D **44**
Greenwich Bus. Pk. IP3: Ips ... 1D **44**
Greenwich Cl. IP3: Ips ... 1D **44**
Greenwich Rd. IP3: Ips ... 1C **44**
Gresham Ct. IP1: Ips ... 1A **36**
Gresley Gdns. IP2: Ips ... 6B **36**
Gressland Ct. *IP5: Kesg* ... *2F **39***
(off Mead Dr.)
Gresswell Ct. IP5: Martl H ... 3C **40**
Gretna Gdns. IP4: Ips ... 6G **29**
Greyfriars IP1: Ips ... 3C **4**
IP12: Wood ... 2E **33**
Grey Friars Rd. IP1: Ips ... 4C **4** (4B **36**)
Greyhound Cnr. IP6: Clay ... 5D **16**
Griffin Ct. IP2: Ips ... 6E **5**
Griffiths Cl. IP4: Ips ... 6F **29**
Grimston La. IP11: T Mart ... 3B **60**
(not continuous)
Grimwade Cl. CO11: Brant ... 6G **55**
Grimwade St. IP4: Ips ... 4F **5** (4C **36**)
Grindle, The IP8: B'ford ... 2A **34**
Grinstead Gdns. IP6: Nee M ... 5E **11**
GRINSTEAD HILL ... 5E **11**
Grinstead Hill IP6: Nee M ... 5E **11**
Grosvenor Cl. IP4: Ips ... 1D **36**
Grosvenor Ct. IP3: Ips ... 2G **45**
Grove, The IP1: Ips ... 5B **28**
IP5: Martl H ... 1B **40**
IP12: Wood ... 6A **24**
IP14: Stowm ... 6E **7**
Grove Gdns. IP12: Wood ... 5F **23**
Grove Hill IP8: Bels, Ips ... 5D **42**
Grove Ho. IP8: Ips ... 2E **43**
Grove La. IP4: Ips ... 3H **5** (4D **36**)
IP9: C'ton ... 5B **58**
Grove M. IP11: Felix ... 6A **62**
Grove Rd. CO11: Brant ... 5G **55**
IP9: Bntly ... 5H **51**
IP11: Felix ... 5B **62**
IP12: Wood ... 5F **23**
IP13: Petti ... 6C **12**
Grove Wlk. IP8: Ips ... 3E **43**
GRUNDISBURGH ... 3F **21**
Grundisburgh Rd. IP6: Tud ... 1H **29**
IP12: Wood ... 6F **23**
IP13: Burg ... 1F **21**
IP13: Gt Bea ... 1F **31**
IP13: Hask ... 4A **22**
Guildhall
Hadleigh ... 4E **49**
Guillemot Cl. IP14: Stowm ... 5F **7**
Gull Corner IP13: Gru ... 2D **20**
Gull La. IP13: Gru ... 2D **20**
Gulpher Bus. Pk. IP11: Felix ... 3A **62**
Gulpher Rd. IP11: Felix ... 5H **61**
Gun Cotton Way IP14: Stowm ... 5F **7**
Gun Hill CO7: Ded, L'ham ... 6A **52**
Gun La. IP11: T Mart ... 3D **60**
Gurdon Rd. IP13: Gru ... 2G **21**
Guthrum Rd. IP7: Hadl'gh ... 3E **49**
Gwendoline Cl. IP4: Rush A ... 5B **38**
Gwendoline Rd. IP4: Rush A ... 5B **38**
Gwydyr Rd. IP2: Ips ... 5F **35**
Gymnasium St. IP1: Ips ... 1A **4** (3A **36**)

H

Hackney Rd. IP12: Melt ... 5A **24**
Hackney's Cnr. IP6: Gt Bla ... 3A **16**

Larchcroft Cl. IP1: Ips5A 28
Larchcroft Rd. IP1: Ips5H 27
Larch Ho. IP11: Felix .1D 64
Larchwood Cl. IP2: Ips4D 34
Largent Gro. IP5: Kesg1H 39
Lark Cl. IP14: Stowm .6G 7
Larkhill Ri. IP4: Rush A4B 38
Larkhill Way IP11: Felix6G 61
Lark Ri. IP5: Martl H .2B 40
Larksfield Rd. IP9: Stut5C 56
Larkspur Rd. IP2: Ips6G 35
Larksway IP11: Felix .2C 64
La Salle Cl. IP2: Ips .6A 36
Latimer Cl. IP3: Ips .3C 46
Lattice Av. IP4: Ips .3H 37
Laud M. IP3: Ips .1F 45
Laud's Cl. IP11: T Mary3E 61
Laurel Av. IP5: Kesg .2D 38
Laurel Dr. IP6: Gt Bla3B 16
Laurelhayes IP2: Ips .6H 35
Laurel Way IP6: Clay .5D 16
Lavender Hill IP2: Ips5G 35
Lavenham Rd. IP2: Ips4F 35
Lavenham Way IP14: Stowm1E 9
Lawford Pl. IP4: Rush A4C 38
(off Seckford Cl.)
Lawns, The IP4: Ips .1H 37
Lawn Way IP11: Felix6H 61
Layham Gdns. IP14: Stowm2F 9
Layham Rd. IP7: Hadl'gh5E 49
Leeks Cl. IP7: Hadl'gh2E 49
Leeks Hill IP12: Melt .4A 24
Lee Rd. IP3: Ips .6E 37
Leeward Ct. IP11: Felix6B 62
Leggatt Dr. IP8: B'ford5B 26
Leicester Cl. IP2: Ips2G 43
Leighton Rd. IP3: Ips3F 45
Leighton Sq. IP3: Ips3F 45
Lely Rd. IP3: Ips .3E 45
Leopold Gdns. IP4: Ips1G 37
Leopold Rd. IP4: Ips .1F 37
IP11: Felix .1F 65
Leslie Rd. IP3: Ips .2H 45
LETHERINGHAM .1A 12
Letton Cl. IP9: Cap M2D 50
Levington La. IP10: Buck6H 47
Levington Rd. IP3: Ips5F 37
IP11: Felix .4D 64
Lewes Cl. IP3: Ips .6B 38
Lewis La. IP9: Stut .6A 56
Lidgate Ct. IP11: Felix1B 64
Lilac Wlk. IP6: Nee M5D 10
Lime Cl. IP13: Uff .6D 14
IP13: Wick M .5F 13
Limecroft Cl. IP1: Ips4H 27
Lime Gro. IP12: Wood5G 23
Limekiln Cl. IP6: Clay5D 16
Limekiln Quay IP12: Wood6A 24
Lime Kiln Quay Rd. IP12: Wood6A 24
Limerick Cl. IP1: Ips .5F 27
Limes, The IP5: Rush A6A 30
Limes Av. IP8: B'ford .5D 26
Limetree Cl. IP6: Nee M4E 11
Limetree Dr. IP3: Pur F1A 46
Lime Tree Pl. IP1: Ips2F 35
IP14: Stowm .6E 7
Lincoln Cl. IP1: Ips .4A 28
Lincoln Gdns. IP6: Clay4D 16
Lincoln Ter. IP11: Felix2E 65
Lindbergh Rd. IP3: Ips2H 45
Lindisfarne Cl. IP2: Ips2H 43
Lindsey Rd. IP4: Ips .2H 37
Lindsey Way IP14: Stowm2E 9
Lingfield Rd. IP1: Ips .3A 28
Lingside IP5: Martl H .3B 40
Ling's La. IP9: Hark, C'ton6A 58
Link, The IP9: Bntly .5G 51
Link La. IP9: Bntly .5G 51
Link Rd. IP9: Cap M .2D 50
IP9: Shot G .5G 59
Links Av. IP11: Felix .5B 62
Linksfield IP5: Rush A2C 38
Linksfield Gdns. IP5: Rush A2C 38
Linnet Dr. IP14: Stowm6G 7
Linnet Rd. IP2: Ips .5E 35
Lion Barn Ind. Est. IP6: Nee M5E 11
Lion La. IP6: Nee M .5E 11
Lion St. IP1: Ips2C 4 (3B 36)
Lister Rd. IP1: Ips .6G 27
IP7: Hadl'gh .4G 49
LITTLE BEALINGS .2G 31
Lit. Bramford La. IP1: Ips2H 35
Lit. Croft St. IP2: Ips .3D 36
Lit. Gipping St. IP1: Ips2B 4 (3A 36)
Little Gro. IP9: Cap M2D 50
Little Gulls IP9: Cap M2C 50

Little La. IP13: Wick M4E 13
LITTLE LONDON .4E 9
Little Lumpkid IP7: Hadl'gh1F 49
Little Orchard IP9: Holb3F 57
Little St John's St. IP12: Wood6H 23
Little's Cres. IP2: Ips6D 4 (5B 36)
Little Tufts IP9: Cap M2E 51
LITTLE WENHAM .1B 50
Lit. Whip St. IP2: Ips5D 4 (5B 36)
Llewellyn Drift IP5: Kesg2F 39
Lloyd Rd. IP9: Shot G6G 59
Lloyds, The IP5: Kesg2F 39
Lloyds Av. IP1: Ips2C 4 (3B 36)
Locarno Rd. IP3: Ips .6G 37
Lockington Cl. IP14: Stowm6E 7
Lockington Cres. IP14: Stowm6D 6
Lockington Rd. IP14: Stowm6D 6
Lockington Wlk. IP14: Stowm6D 6
Lockwood Cl. IP12: Wood6G 23
Lodge Farm Dr. IP11: Felix6D 62
Lodge Farm La. IP12: Melt2B 24
Lodge La. IP6: Gt Bla .5B 16
Lodge Rd. IP13: Gt Bea, L Bea2H 31
IP13: Uff .5D 14
Loganberry Rd. IP3: Ips4H 45
Lombard Ct. IP4: Ips .2E 37
London Rd. IP1: Ips1A 4 (3H 35)
IP2: Ips .5F 35
IP8: Cop, Ips, Wash5A 42
IP9: Cap M .3E 51
(not continuous)
London Road (Park & Ride)1B 42
Lone Barn Ct. IP1: Ips1E 35
Long Bessels IP7: Hadl'gh3E 49
Longcroft IP11: Felix .5H 61
Long Fld. IP11: Felix .5G 61
Longfield Rd. IP9: Cap M1D 50
Long Perry IP9: Cap M2E 51
Long St. IP4: Ips4G 5 (4D 36)
Lonsdale Cl. IP4: Ips .2E 37
Looe Rd. IP11: Felix .6D 62
Loraine Way IP8: B'ford, Spro2A 26
Lotus Cl. IP1: Ips .6D 26
Loudham Hall Rd. IP13: Cam A, Petti1F 15
Loudham La. IP13: Uff6E 15
Loudham Rd. IP13: Cam A1H 15
Love La. IP7: Lay .4B 48
IP12: Melt .5A 24
Lovers La. IP9: Hark .6A 58
Lovetofts Dr. IP1: Ips .6E 27
(not continuous)
Lwr. Brook M. IP4: Ips3D 4
Lwr. Brook St. IP4: Ips3D 4 (4B 36)
Lower Cres. IP6: B'hm2B 16
Lwr. Dales Vw. Rd. IP1: Ips1H 35
LOWER HACHESTON3H 13
Lower Harlings IP9: Shot G6G 59
Lwr. Haugh La. IP12: Wood5G 23
LOWER HOLBROOK .5H 57
Lower Ho. La. IP12: Newb6F 41
Lwr. Houses Rd. IP9: Hark6A 58
Lwr. Orwell St. IP4: Ips4E 5 (4C 36)
Lower Rd. IP6: Aken, Weste2B 28
IP13: Gru .4G 21
IP13: Uff .1E 25
LOWER STREET
CO7 .1A 52
IP9 .6C 56
Lower St. CO7: Ded, Strat M6B 52
IP6: Bay, Nee M .5F 11
IP8: Spro .2B 34
IP9: Stut .6C 56
IP13: Gt Bea .2H 31
IP13: Uff .6E 15
Lwr. Ufford Rd. IP13: Petti, Uff4F 15
Low Rd. IP12: Eyk .6H 15
IP13: Hask .3C 22
Lowry Gdns. IP3: Ips .3F 45
Lowry Way IP14: Stowm4B 6
Lucena Ct. IP14: Stowm5C 6
Ludbrook Cl. IP6: Nee M3C 10
Ludlow Cl. IP1: Ips .3A 28
Luff Mdw. IP6: Nee M3D 10
Lugano Av. IP5: Martl H1D 40
Lulworth Av. IP3: Ips .6A 38
Lummis Va. IP5: Kesg2F 39
Lupin Rd. IP2: Ips .5F 35
Lupin Way IP6: Nee M5D 10
Luther Rd. IP2: Ips6B 4 (5B 36)
Lydgate Rd. IP14: Stowm4C 6
Lyle Cl. IP5: Kesg .2H 39
Lyndhurst Av. IP4: Ips4H 37
Lynnbrook Cl. IP2: Ips2F 43
Lynwood Av. IP11: Felix6C 62
Lyon Cl. IP5: Kesg .1H 39
(off Howards Way)

Lysander Dr. IP3: Ips .3H 4
Lytham Rd. IP3: Ips .4C 4

Macaulay Rd. IP1: Ips3G 2
McClure Way IP1: Ips6E 2
Mackenzie Dr. IP5: Kesg1E 3
Mackintosh Cl. IP3: Ips4G 3
Magdalen Dr. IP12: Wood2E 3
Magdalene Cl. IP2: Ips1G 4
Magdalen Rd. IP7: Hadl'gh3E 4
Magingley Cres. IP5: Rush A3C 3
Magistrates' Court
Ipswich .2B 4 (4A 36)
Magpie Cl. IP8: Ips .1D 4
MAIDENHALL .1A 4
Maidenhall App. IP2: Ips1A 4
Maidenhall Grn. IP2: Ips1A 4
Maidenhall Sports Cen.1B 4
MAIDENSGRAVE .2F 3
Maiden Way IP7: Hadl'gh3E 4
Maidstone Rd. IP11: Felix6H 6
Main Rd. IP5: Kesg, Martl1D 3
IP6: Hen .1A 1
IP6: Tud .4F 2
IP6: Weste .4D 2
IP9: C'ton .2A 5
(Berners La
IP9: C'ton .3D 5
(Shotley Rd
IP9: S'ly, Shot G .3F 5
IP10: Buck .5H 4
IP12: Martl .6B 3
IP13: Hach, L Hac .3G 1
IP13: Petti .6F 1
Mais Ct. IP2: Ips .1G 4
Maitland Rd. IP6: Nee M5E 1
Major's Cnr. IP4: Ips2E 5 (3C 36
Malcolm Rd. IP3: Ips .1H 4
Malkin Cl. IP1: Ips .4F 2
Mallard Ct. IP2: Ips .6G 3
Mallard Ho. Bus. Cen. IP13: L Bea4G 3
Mallard Way IP2: Ips .1F 4
IP14: Stowm .5A
Mallowhayes Cl. IP2: Ips6A 3
Malmesbury Cl. IP2: Ips2H 4
Malting La. IP13: Gru .3F 2
Maltings M. IP7: Hadl'gh4E 4
Malting Ter. IP2: Ips6E 5 (5C 36
Maltsters Wlk. IP14: Stowm2C
Malvern Cl. IP3: Ips .6G 3
IP5: Rush A .2C 3
Malyon Rd. IP7: Hadl'gh1F 4
Manchester Rd. IP2: Ips1E 4
Mandy Cl. IP4: Ips .3F 3
Mannall Wlk. IP5: Kesg1H 3
Manning Rd. IP11: Felix3E 6
Manning's Amusement Pk.4E 6
Mannington Cl. IP4: Rush A4C 3
Manningtree Rd. CO7: Ded6F 5
CO7: E Ber .4B 5
IP9: Stut .6A 5
Manor La. IP9: Stut .6A 5
Manor Rd. IP4: Ips .1C 3
IP5: Martl H .1B 4
IP11: Felix .5D 6
IP11: T Mary .4E 6
IP13: Hask .5D 2
Manor Ter. IP11: Felix5D 6
Mansbrook Blvd. IP3: Ips3H 4
Mansbrook Vs. IP3: Ips3H 4
Mansfield Av. IP1: Ips .5G 2
Manthorp Cl. IP12: Melt3A 2
Manwick Rd. IP11: Felix3E 6
Maple Cl. IP2: Ips .6H 3
Maple Gro. IP6: B'hm .2C
Maple Ho. IP11: Felix .1D 6
Maple Rd. IP14: Stowu3G
Maples, The IP4: Rush A1B 3
Marbled White Dr. IP8: Ips1D 4
Marcus Rd. IP11: Felix6E 6
Margaret Rd. IP14: Stowm3C
Margaret St. IP11: Felix6H 6
Margate Rd. IP3: Ips .6G 3
Margery Girling Ho. IP11: Felix5D 6
Marigold Av. IP2: Ips .6F 3
Marina Gdns. IP11: Felix3D 6
Marine Parade Wlk. IP11: Felix5D 6
Maritime Ct. IP4: Ips4E 5 (4C 3
Market Hill IP12: Wood6H
Market Pl. IP7: Hadl'gh4E
IP14: Stowm .5D
Marlborough Rd. IP4: Ips6E
Marlow Rd. IP1: Ips .6E

Redstone M. IP12: Wood 6H 23
(off New St.)
Red Willows Trad. Est. IP14: One 5A 6
Redwing Cl. IP2: Ips 6E 35
Redwing Dr. IP14: Stowm 4G 7
Redwold Cl. IP12: Martl 4D 32
Redwood Terraces IP13: Uff 6D 14
Reedland Way IP11: Felix 6G 61
Reeds Way IP14: Stowu 2H 7
Reeve Gdns. IP5: Kesg 1F 39
Reeve Lodge IP11: T Mart 2D 60
Regal Theatre
Stowmarket 6E 7
Regatta Quay IP4: Ips 4E 5 (4C 36)
Regent St. IP4: Ips 2G 5 (4D 36)
IP14: Stowm 4D 6
Regent Theatre
Ipswich 2E 5 (3C 36)
Regina Cl. IP4: Ips 4G 37
Reid Cl. IP3: Ips 2A 46
Reigate Cl. IP3: Ips 6G 37
Rembrow Rd. IP9: Cap M 2C 50
Rendall La. IP14: Old N, Stowu 1H 7
Rendlesham Ct. IP1: Ips 2H 35
(off Bramford Rd.)
Rendlesham Rd. IP1: Ips 2H 35
(not continuous)
IP11: Felix 6G 61
Renfrew Rd. IP4: Ips 1G 37
Reydon Ho. IP3: Ips 1F 45
Reynolds Av. IP3: Ips 3F 45
Reynolds Cl. IP3: Ips 2F 45
Reynolds Ct. IP11: Felix 6G 61
Reynolds Rd. IP3: Ips 2F 45
Riby Rd. IP11: Felix 2E 65
Richards Dr. IP13: L Bea 2G 31
Richardsons La. IP9: C'ton 3A 58
Richardsons Rd. CO7: E Ber 2A 54
Richmond Ho. IP4: Ips 3F 5
Richmond Rd. IP1: Ips 2G 35
Ridgeway IP14: Stowm 5B 6
Riley Cl. IP1: Ips 6D 26
Ringham Rd. IP4: Ips 3F 37
Risby Cl. IP4: Ips 3G 37
Ritabrook Rd. IP2: Ips 2F 43
River Gdns. IP14: Stowm 1E 9
River Hill IP8: B'ford 6D 26
Riverhills (Clarice Ho.) 6D 26
Riverside IP13: Hask 4B 22
Riverside Ind. Est. IP13: Wick M 4F 13
Riverside Ind. Pk. IP2: Ips 6C 36
Riverside Pl. IP8: B'ford 5C 26
(off Mill La.)
Riverside Rd. IP1: Ips 2F 35
Riverside Theatre
Woodbridge 1H 33
Riverside Vw. IP13: Wick M 4F 13
Rivers St. IP4: Ips 2E 37
Riverview IP12: Melt 4B 24
River Wall IP12: Wood 1H 33
River Way IP6: Gt Bla 4B 16
Rixon Cres. IP12: Melt 1B 24
Roanoke Wlk. IP2: Ips 6C 36
Robeck Rd. IP3: Ips 2D 44
Roberts Cl. IP5: Kesg 2G 39
Robin Cl. IP14: Stowm 6G 7
Robin Dr. IP2: Ips 6E 35
Rodney Ct. IP12: Wood 4G 23
Rogers Cl. IP11: Felix 5A 62
Rogue's La. IP13: Petti 6E 13
Roma Av. IP5: Martl H 1D 40
Roman Way IP11: Felix 5E 63
Romney Rd. IP3: Ips 3F 45
Roper Ct. IP3: Ips 4H 37
Ropes Dr. IP5: Kesg 1E 39
Rope Wlk. IP4: Ips 3F 5 (4C 36)
Rosebery Ct. IP11: Felix 3E 65
Rosebery Rd. IP4: Ips 4E 37
IP11: Felix 1G 65
Rose Ct. IP9: S'ly 3F 59
Rosecroft Rd. IP1: Ips 5H 27
Rose Farm Cvn. Site 5F 59
ROSE HILL 5F 37
Rose Hill IP6: Witn 6E 19
IP13: Gru 3F 21
Rosehill Cres. IP3: Ips 5H 5 (5E 37)
Rosehill Rd. IP3: Ips 5E 37
Rose La. IP1: Ips 3D 4 (4B 36)
Rosemary Av. IP11: Felix 5C 62
Rosemary La. IP4: Ips 3D 4 (4B 36)
Rosery La. IP13: Gt Bea 1A 32
Rose Wlk. IP6: Nee M 5D 10
Ross Rd. IP4: Ips 6G 29
Roundridge Rd. IP9: Cap M 1E 51
Roundwood Rd. IP4: Ips 2F 37
Rousies Cl. IP7: Hadl'gh 3F 49
Routh Av. IP3: Pur F 2C 46
Row, The CO7: Strat M 3B 52
IP8: B'ford 4B 26
Rowan Cl. IP3: Pur F 1A 46
IP6: Clay 5E 17
Rowanhayes Cl. IP2: Ips 6A 36
Rowarth Av. IP5: Kesg 2F 39
Rowland Ho. IP11: Felix 6G 61
(off Winston Cl.)
Rowley Cl. CO11: Brant 5G 55
Roxburgh Rd. IP4: Ips 6G 29
Royalls, The IP5: Kesg 1H 39
Royal Sq. CO7: Ded 6E 53
Roy Av. IP3: Ips 4G 37
Roy Cl. IP5: Kesg 2E 39
Royston Dr. IP2: Ips 1E 43
Rubens Rd. IP3: Ips 2F 45
Rudlands IP8: Ips 2D 42
Rue's La. IP11: Felix 3D 62
Runnacles Way IP11: Felix 6G 61
Rushbury Cl. IP4: Ips 1G 37
Rush Cl. IP4: Rush A 5B 38
Rush Ct. IP5: Kesg 1H 39
(off Howards Way)
Rushmeadow Way IP11: Felix 4E 63
Rushmere Golf Course 3A 38
Rushmere Rd. IP4: Ips 2F 37
RUSHMERE ST ANDREW 1B 38
Rushmere Sports Club 6B 30
RUSHMERE STREET 6B 30
Ruskin Cl. IP14: Stowm 3B 6
Ruskin Rd. IP4: Ips 4E 37
Russell Cl. IP12: Wood 5F 23
Russell Ct. IP11: Felix 4D 64
Russell Rd. IP1: Ips 4A 4 (4A 36)
IP11: Felix 3E 65
Russet Rd. IP4: Ips 2D 36
Rydal Av. IP11: Felix 4E 63
Rydal Cl. IP14: Stowm 5B 6
Rydal Wlk. IP3: Ips 1H 45
Rye Cl. IP3: Ips 5A 38
Rylands IP9: Cap M 1D 50

S

Saddlemakers La. IP12: Melt 2A 24
Saddlers Mdw. IP13: Gru 2G 21
Saddlers Pl. IP5: Martl H 2B 40
Sagehayes Cl. IP2: Ips 6A 36
Sailmakers Shop. Cen. 2D 4 (3B 36)
St Agnes Way IP5: Kesg 3C 38
St Andrew's Church Cl. IP5: Rush A 6A 30
St Andrew's Cl. IP4: Ips 4A 38
IP12: Melt 3C 24
St Andrew's Dr. IP9: C'ton 3B 58
St Andrew's Pl. IP12: Melt 3B 24
St Andrew's Rd. IP11: Felix 6B 62
St Andrews Wlk. IP4: Rush A 3C 38
St Annes Cl. IP12: Wood 2E 33
St Anthonys Cres. IP4: Ips 3E 37
St Aubyns Rd. IP4: Ips 4F 37
St Audrys IP12: Melt 1B 24
St Audrys Golf Course 1C 24
St Audrys La. IP12: Melt 2B 24
St Audrys Pk. Rd. IP12: Melt 1B 24
St Audrys Rd. IP12: Melt 2B 24
St Augustine Rd. IP3: Ips 5A 38
St Augustine's Gdns. IP3: Ips 6H 37
St Austell Cl. IP5: Kesg 3D 38
St Catherine's Ct. IP2: Ips 2F 43
St Clements Chu. La. IP4: Ips 4F 5 (4C 36)
ST CLEMENTS HOSPITAL 5H 37
St Crispins Cl. IP5: Kesg 2H 39
St David's Rd. IP3: Ips 6G 37
St Edmund Ho. IP4: Ips 3F 5 (4D 36)
St Edmundsbury Ho. IP4: Ips 3E 37
St Edmund's Cl. IP12: B'well 3F 25
St Edmunds Cl. IP12: Wood 1F 33
IP14: Stowm 3C 6
St Edmund's Pl. IP1: Ips 1B 36
St Edmund's Rd. IP1: Ips 1A 36
St Edmunds Rd. IP11: Felix 3D 64
IP14: Stowm 4C 6
ST ELIZABETH HOSPICE 4H 37
St Francis Ho. IP1: Ips 3C 4
St Georges Cl. IP14: Stowm 4C 6
St George's Ct. IP1: Ips 1C 4 (3B 36)
St George's Rd. IP11: Felix 5D 62
St George's St. IP1: Ips 1C 4 (3B 36)
St George's Ter. IP11: Felix 5D 62
St Gotthards Av. IP5: Martl H 1D 40
St Helen's Chu. La. IP4: Ips 2G 5 (3D 36)
St Helen's St. IP4: Ips 2E 5 (3C 36)
St Isidores IP5: Kesg 2H 39
St Ives Cl. IP5: Kesg 3D 38
St John's Ct. IP4: Ips 3G 3
IP11: Felix 1E 6
St John's Hill IP12: Wood 6H 2
St John's Rd. IP4: Ips 3E 3
St John's St. IP12: Wood 6H 2
St John's Ter. IP12: Wood 6H 2
St Lawrence Grn. IP5: Kesg 1E 3
St Lawrence St. IP1: Ips 2D 4 (3B 36
St Lawrence Way IP5: Kesg 1E 3
St Leonard's Rd. IP3: Ips 6G 3
St Margaret's Grn. IP4: Ips 1E 5 (3C 36
St Margaret's Plain IP4: Ips 1E 5 (3C 36
St Margaret's St. IP4: Ips 2E 5 (3C 36
St Martins Ct. IP5: Kesg 2H 3
St Martins Grn. IP11: T Mart 1E 6
St Mary Elms Chu. Path 2C
St Mary's Cl. IP8: B'ford 6C 2
IP11: T Mary 3E 6
St Marys Cl. IP14: Stowm 4C
St Mary's Cres. IP11: Felix 5H 6
St Marys Dr. IP6: Play 3E 3
St Mary's Gdns. IP6: C Mary 2E 1
St Marys Pk. IP10: Buck 6H 4
St Mary's Rd. IP4: Ips 2E 3
IP6: C Mary 3D 1
IP14: Stowm 4B
St Marys Way IP6: Weste 3E 2
St Matthew's Chu. La. IP1: Ips 1B
St Matthew's Ho. IP1: Ips 1B
St Matthew's St. IP1: Ips 1B 4 (3A 3
St Michael's Cl. IP5: Kesg 3D 3
St Nicholas Ct. IP1: Ips 3C
St Nicholas St. IP1: Ips 3C 4 (4B 3
St Olaves Rd. IP5: Kesg 1F 3
St Osyth Cl. IP2: Ips 3G 4
St Peter's Av. IP6: Clay 5C 1
St Peter's Cl. IP6: Clay 4C 1
IP6: Hen 2A 1
IP12: Wood 1E 3
IP14: Stowm 5B
St Peter's Ct. IP1: Ips 4D
IP6: Clay 4D 1
St Peter's Rd. IP14: Stowm 5B
St Peter's St. IP1: Ips 3D 4 (4B 3
St Raphael Ct. IP1: Ips 6G
St Stephen's Chu. La. IP1: Ips 3D
St Stephens La. IP1: Ips 2D 4 (3B 3
St William Ct. IP5: Kesg 1G
Salehurst Rd. IP3: Ips 6B
Salisbury Rd. IP3: Ips 5F
Sallows Cl. IP1: Ips 2G
Sally Wood's La. IP6: C Mary 2F
Salmet Cl. IP2: Ips 6H
Salters Gdns. IP13: Gru 3F
Salthouse St. IP4: Ips 4F 5 (4C 3
Samford Cl. IP9: Holb 1F
Samford Pl. IP8: Spro 3C
Samuel Ct. IP4: Ips 1F 5 (3C 3
Sanderling Way IP14: Stowm 4C
Sandford Pl. IP12: Wood 2F
Sandhurst Av. IP3: Ips 5E
Sandling Cres. IP4: Rush A 4B
Sandlings, The IP3: Ips 2A
IP12: Martl 6C
Sandown Cl. IP1: Ips 4H
Sandown Rd. IP1: Ips 4H
Sandpiper Rd. IP2: Ips 1F
IP14: Stowm 4
Sandpit Cl. IP4: Rush A 4C
Sandringham Cl. IP2: Ips 1G
Sandy Cl. IP11: T Mart 1E
Sandy Hill La. IP3: Ips 1D
Sandy La. CO11: Brant 4F
IP6: B'hm 2C
IP6: C Mary 2E
IP6: Weste 3C
IP12: Martl, Wood 4D
IP13: L Bea 3G
IP13: Wick M 6G
Sapling Pl. IP4: Rush A 4B
Sapphire Cl. IP1: Ips 1E
Sarah Rand Rd. IP7: Hadl'gh 2G
Saturn Rd. IP1: Ips 1E
Saunders M. IP2: Ips 6
Sawmill La. IP10: Nac 5E
Sawston Cl. IP2: Ips 1H
Sawyers Cl. IP9: Cap M 2D
Saxon Cl. IP11: Felix 5E
Saxon Pk. IP6: Nee M 4B
Saxon Way IP12: Melt 4H
Schneider Cl.
IP11: Felix 5C
School Cl. IP9: Cap M 2D
School Hill IP8: Wash 3A
IP10: Nac 6E
School Ho's. IP13: Gru 2F

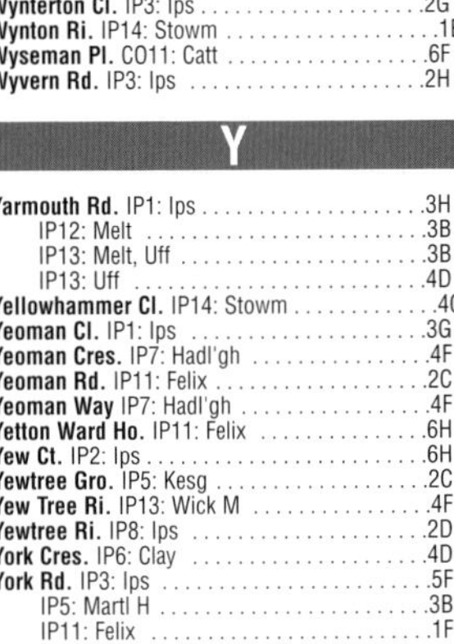

Y

The representation on the maps of a road, track or footpath is no evidence of the existence of a right of way.

SAFETY CAMERA INFORMATION

PocketGPSWorld.com's CamerAlert is a self-contained speed and red light camera warning system for SatNavs and Android or Apple iOS smartphones/tablets. Visit www.cameralert.com to download.

Safety camera locations are publicised by the Safer Roads Partnership which operates them in order to encourage drivers to comply with speed limits at these sites. It is the driver's absolute responsibility to be aware of and to adhere to speed limits at all times.

By showing this safety camera information it is the intention of Geographers' A-Z Map Company Ltd. to encourage safe driving and greater awareness of speed limits and vehicle speed. Data accurate at time of printing.

Printed and bound in the United Kingdom by Gemini Press Ltd., Shoreham-by-Sea, West Sussex
Printed on materials from a sustainable source